大是文化

錢意識

借錢、花錢、存錢、賺錢，
你最愛哪一件？不做哪一件？
變有錢的人怎麼處理錢？跟你想的不一樣

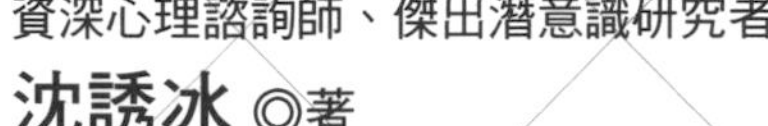
資深心理諮詢師、傑出潛意識研究者

沈誘冰 ◎著

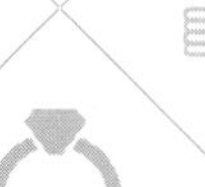

CONTENTS

窮人存錢補貼富人

推薦序一

想有錢，得先具備有錢人的錢意識

財經作家／小樂

擁有財富是大多數人的願望（也包括我在內），但並不見得每個人都能如願。也許有人會說：「我那麼努力、拚命的工作，為什麼就是沒辦法變成有錢人？」這很可能是由於我們潛意識當中對於錢的意識並不正確，因此無法擁有財富，而這就是本書想要告訴我們的道理。

初接觸《錢意識》的書稿，我就被它頗為另類的副標題所吸引：「借錢、花錢、存錢、賺錢，你最愛哪一件？不做哪一件？變有錢的人怎麼處理錢？跟你想的不一樣」，傳統的觀念告訴我們，先不要借錢，然後認真努力賺錢、存錢，最後才花錢。但作者卻認為，只有懂得借錢、花錢，才會盡可能想辦法賺錢，最後才存得到錢，甚至是不存錢繼續投資，用錢滾錢。

這樣的用錢思維方式看起來相當另類，但仔細研讀書中的內容，確實有幾分道理。就拿借錢這件事來說吧！長輩經常告誡我們不要隨便向人借錢，因為借錢要付利息，而且假如還不出錢的話，財產還可能被扣押。但其實很多創業者或投資家，都是靠借錢來賺取自己的第一桶金，例如巴菲特在早期是向親朋好友募集資金去投資，最後才在投資界闖出名聲，獲得股神的封號。我認識的幾位投資達人，他們敢在金融海嘯、股市低迷時刻重押，甚至抵押房產買股。這樣看似風險很高，實際上經過幾年後，卻為他們的財富帶來加乘的效果。

本書透過作者親身的經歷與周遭人物的對話，來告訴讀者具有「錢意識」的重要性。我是價值投資的信奉者，而價值投資最重要的，並不是研讀什麼高深的金融理論，和複雜的套利技巧，而是投資人心中是否擁有開放的心胸，以及與眾不同的思維能力，就如巴菲特的長期合夥人查理・蒙格所言：「如果波克夏（按：巴菲特旗下的公司）取得了不錯的發展，那主要是因為巴菲特和我非常善於打破自己最愛的觀念。哪一年你不曾打破一個你最愛的觀念，那你這一年就白過了。」跟本書作者的信念相同，如果你想成為有錢人，那你打從心底就要具備有錢人的錢意識，勇於打破自己過往的成見！在此謹向諸君推薦本書。

推薦序二

讓心理不被金錢所支配

惠譽會計師事務所主持會計師／鄭惠方

俗話說：「錢不是萬能，但沒錢萬萬不能。」在現今的社會中，金錢的用途越來越廣，許多東西都可以用金錢來交換取得，再加上近年來經濟環境不佳，人們受金錢制約的程度也越來越高。

本書作者為心理諮詢師，從潛意識的角度分析富人與一般人關於金錢的行為差異，並探討一個人應該如何以正確的心態，走上成為有錢人之路。我因為工作的關係，時常有機會與高資產人士或成功企業家近距離的接觸，的確可以發現，他們看待金錢的角度，與一般人有些不同。不同的想法，就創造出不同的結果。他們較敢於借錢，取得事業發展所需的資源；他們更不吝於花錢，因為現在的投資是為了創造長期的回報；他們不為賺錢而工作，追求的是自我實現，創造出一番自我的事業；他們不將存錢視為優先考量，因為有其他更有效的資金運用方式。

書中所述之許多建議及觀念，其實都可以在成功的企業家身上看到，雖然或許不見得適合照本宣科，直接套用在每一個人身上，但是察覺並處理好自己與金錢的關係，讓心理不被金錢所支配，並珍惜每一天，財富便隨之而來。

（本文作者為惠譽會計師事務所主持會計師，同時為「艾蜜莉會計師的異想世界」版主，並受邀為瑞士銀行、台北富邦銀行、南山人壽、友邦人壽等金融機構對高資產客戶及理財專員演講。）

作者序
有錢人怎麼處理錢？跟你想的不一樣

我叫沈誘冰，不是「富二代」，也不是「官二代」，沒有過高的學歷，也沒有特殊的天賦，唯一讓我可以津津樂道的，是我懂得潛意識，而且我了解它的強大力量，並懂得如何將它運用在我的生活中，為我的每一個夢想服務，讓我慢慢躋身於有錢人的行列。

我獲得的第一份工作，是某廠的大區（按：根據地理位置對中國行政區域的劃分，共有六大地區）經理。這個職位不只是好聽，而且相當賺錢。我不得不說，這與我之前醉心於潛意識有著緊密關係。在工作之餘，我一直沒有間斷對潛意識的研究，靠此幫助自己的同時，也幫助了很多朋友走出了生活的陰霾，消除了他們很多心理上的包袱，我也被人莫名其妙的冠上了「心理導師」的頭銜。

一路走到現在，我的年薪呈現了不可思議的飛躍。然而，我從不將此歸功於運氣好，或者我的能力有多強。我認為自己在看待某些問題時，思維方式稍微有些與眾不同，正是這麼一點小小的不同，讓我在現實生活中摘得了「思想決定命運」的善果。

我經常不按常理出牌，因此有許多質疑聲圍繞著我，但這並不能打斷我堅持做自己的決心。我的親人和朋友評價我的人生是「一場不可思議的冒險」，因為我老是去嘗試一些看上去「不安全」的事情。但他們看到的只是某種表象，我知道自己在做什麼。**我從來不會懷疑自己正篤定在做的事情**，且把每一次考驗當作禮物，收藏在人生的旅途中。

今年，我看了一本名人寫的書，他在書裡面談了一個自己的觀點：「一個人在三十歲前，是不可能靠自己獨自買房、買車的。」我相信很多朋友會贊同這個觀點，包括上學時期的我，也是這麼認為的。

可是我要告訴你的是，在我二十三歲的那年，我拿著自己所有的積蓄，買了我人生的第一輛車——金龜車，雖然不是很貴的車，卻是我十九歲那年偶然在機場見到它第一面後，就一直垂涎欲滴的車。緊接著我在二十七歲的那年，靠個人能力獨自買了一間房子，而且是價格不菲的海景房。在二〇一六年九月，我迎來了自己三十歲的生日。為此，我想告訴所有質疑過自己能力的年輕人，只要懂得將有錢人的思維裝進大腦裡，三十歲前，你絕對可以實現靠自己買房、買車的夢想。

你可能會說：「我認為只有那些類似馬雲的商界鉅子，才有資格教我們如何成為有錢人。」

◈腦子裡有錢與口袋裡有錢

但我想對你說：「老師和科學家的區別是什麼？在擁有相同的知識理論的前提下，老師更懂得如何把知識進行有效的傳播，而科學家多數更懂得對知識的運用。我曾經聽過幾次有錢人的演講，整場演講下來，我都有一種相同的感覺，我認為他們並沒有把如何讓自己越來越強大的核心思想說出來，也沒有給聽眾實質性的建議。在我看來，有錢人的演講更像是一場充滿雞湯味的真人秀。雖然我離那種富甲一方的程度還相差甚遠，但我更懂得把隱藏在有錢人背後的祕密說出來，告訴你為什麼有的人窮，而有的人富。」

你可能又會問：「妳算是有錢人嗎？真正的有錢人，是口袋裡有很多錢、是提款卡裡有很多錢，妳是這樣的人嗎？」

我想對你說：「算，我當然算是有錢人！但你說的可不一定是真的有錢人，真正的有錢人主要是腦子裡裝滿錢，而不僅是口袋裡有錢。口袋裡有錢的人，可能是個『富二代』、可能是個買樂透中大獎的人、可能是個暴發戶……但這些人並不是真正的有錢人。」

你可能會反駁：「腦子裡有錢有什麼用？我可是天天在想錢，也沒看到錢在哪裡，買東西付款時總不能拿腦袋刷吧！」

我想說的是：「**你這只是在想錢，而不是確信自己會很有錢**；你這只是把金銀財寶和鈔票的影像放在自己心裡，想的並不是影像背後的觀念。」

你可能會追問：「背後的觀念？什麼觀念？」

我的回答是：「無論什麼時候，失敗或是成功，有錢花或負債累累，我都會很堅定的認為自己是一個有錢人，且絲毫不會懷疑。這就是我的觀念。當這個觀念像木釘一樣釘進了自己的大腦裡，那麼離你在現實中的財富就不會太遙遠了。這個觀念也是成為有錢人必備的一條信念，而且沒有第二條。」

你可能會好奇：「如何讓這個觀念像釘子一樣被釘在自己的大腦裡呢？難不

成每天像唸經一樣去唸，唸個一千遍、一萬遍嗎？」

如果你真這麼做了，我將替你感到高興，比起那些不相信自己會成為有錢人的人來說，你已經開始向有錢人的隊伍邁進了。

財富積累到多少才能稱之為有錢人？月薪或者年薪達到多少才算是有錢人？我相信每個人的答案都是不一樣的。小時候年薪人民幣五萬元（本書之後提到的幣別，均為人民幣，人民幣與新臺幣換算的匯率約為四・五四比一）的人是有錢人；如今年薪十萬元的人會認為年薪百萬元的人是有錢人；年薪百萬元的人在「先掙它一億元」沒有實現前，會覺得財產上億元的人才算是有錢人……。

我的態度：我就是有錢人。我可以將我大部分的夢想變成現實，而這些夢想可以帶給我源源不絕的財富，雖然在別人看來，我賺錢是如此輕而易舉。

沒有人不喜歡錢，沒有人會嫌棄自己錢多。即使是你看見的那些常常捐錢的慈善家，他們也不例外，但他們更加享受，把「自己賺錢」這件事變得有意義，所以他們也很享受，把自己創造的豐厚財富回饋給社會的感覺。

我喜歡錢，也正在為成為更有錢的人奮鬥。「錢不是萬能，但沒錢萬萬不能」，大多數人的耳朵早就被這句話磨出了繭子，但總是很少人知道，到底應該怎麼做才能過上物質充裕的生活。很多人也買過無數的勵志書籍、讀過無數的心靈雞湯文、看過無數的名人自傳……而在這個過程中，自己好像被打了強心針一樣，甚至會產生幻覺，認為書中描寫的正是自己的明天。

然而過不了幾天，你又會被自己消極的心態打回原形，繼續讓渾渾噩噩的精神因子流淌在自身的血液裡，每天歪著身子坐著，對著手機或電腦上下翻看無聊的新聞，除了眼珠子和手指在動，其他部位一動也不動，活像個僵屍，一點也不知道**反思為何會要在網路遊戲、名人微博和「網紅」直播中，浪費自己美好的光陰**。也就是說，你活著的意義就是幫那些外表光鮮的偶像們洗版按讚，或者翻看商界鉅子們的經典語錄，然後不斷質疑自己，甚至根本看不到自己有什麼能力。

這樣的你，人生價值在哪？你有關注過自己的內心嗎？有發自內心的好好看過自己嗎？

「天生我才必有用」，每個人都有自身的優點。同樣，每個人也都有自己不足的地方。**很多人的意識放錯了焦點**，把大部分的時間和精力用來觀察自身的弱項，更可笑的是，還非常**愛用自己的短處與別人的長處相比較**。長久下去，你理所當然會認為自己很沒用、很差勁。所以會感到自卑，別人也會感受到你沒有自信。請問，這樣的你，怎麼可能讓別人仰望你、怎麼可能心想事成，又怎麼可能成為有錢人？

一說到怎樣成為有錢人，很多人首先就會想到「投資理財」這四個字。很多人閱讀投資理財類的書籍，就是為了讓自己可以少走彎路，輕鬆賺大錢。之前，我也看過一些投資理財的書籍，內容大都過於嚴肅、專業，言語也過於老成。我認為對大多數年輕人來說，根本談不上什麼借鑑。

◈培養你最簡單的有錢人思維

所以，我下決心要寫一本年輕人也能夠輕鬆駕馭的「理財書」。當然，這本書主要談的不是理財，而是人的思維和認知。這是一本讓你擁有有錢人的心理，以及培養你最原始、最簡單的有錢人思維的「勵志書」。

心理學不僅是用來治療心理疾病的，懂得心理學的人，會讓一個人在成為有錢人的道路上少走一些彎路。而被我們很多人忽略掉的潛意識，正悄悄主宰著我們的財富命運。實際上，這正是本書與別本書不同的地方，它的目的是讓你盡快變成真正的有錢人。

在這個世界上，**關於錢的所有行為，離不開四個詞：借錢、花錢、賺錢和存錢**。而你可能從來不知道的是，**在有錢人的心裡，他們對這四個詞傳遞出來的訊息是另外一種領會**。在看此書的過程中，你可以對照自己的想法，發現和反思自己與有錢人的不同。希望透過我的分享，可以幫你扭轉自己的固有觀念，開啟一種全新的思維模式，盡快實現成為有錢人這個目標。

前言

做有錢人該做的事，才會越來越有錢

在本書的開始，我們先來對照一下，有錢人和窮人看待借錢、花錢、存錢、賺錢這四個詞的思維方式有什麼不一樣，在他們潛意識裡的訊息有何不同？

在有錢人和窮人的心裡面，這四個詞的排列順序就不大一樣。

有錢人：借錢→花錢→賺錢→存錢（或者不存）。

窮人：盡量避免借錢→賺錢→存錢→花錢。

為什麼我要先強調這個順序？因為正是這個順序決定了你是有錢人，或是窮人。

關於借錢，有錢人潛意識裡的訊息：

①我可以賺到錢，也還得起，所以不怕借。
②發現好的賺錢機會，就算去借也要投資。
③能從銀行借到錢，就絕不向親人和朋友開口。
④不斷借錢是為了讓業務規模不斷擴大。
⑤借錢可以提前讓我過好的生活，所以利息算不了什麼。
⑥我很享受每一次抵押還貸，既可以增加信用，手裡又可以留下更多的流動資金。
⑦我知道各種正規的借錢管道和貸款業務。

窮人潛意識裡的訊息：

①開口借錢的是窮人，我自己有積蓄，不需要跟人借。
②沒有可靠消息，我才不會借錢做投資。
③錢如果不夠，即使要借，我也絕不從銀行借，因為會有利息產生。

④萬一借的錢還不了，一切都完了。
⑤我才不願意靠抵押房子去銀行借貸，那樣的話，房子就不屬於我了。
⑥買東西能一次付清就絕對不抵押，這樣就不用交利息。
⑦我大概沒有資格從銀行貸款。

關於花錢，有錢人潛意識裡的訊息：

①錢花了，還可以賺回來。
②**每一次花錢都是一種變相投資**。
③物質方面，我不會將就，盡量「有品味」。
④如果多花點錢可以節省時間和精力的話，那就多花一些。
⑤與業務上的投資相比，投資自己也是不可忽視的。
⑥我不愛占便宜，買單時搶著付錢。
⑦能用錢解決的問題，都不是問題。

窮人潛意識裡的訊息：

①錢是花一分就少一分，能不花就不花。
②我要向很多省錢達人學習如何省更多的錢。
③買名牌是鋪張浪費，是不會過日子的表現。
④我總是很關注各種打折、特賣會的活動。
⑤我要盡量少花錢，留著給孩子將來用。
⑥我喜歡跟他（她）一起出去，因為他（她）總是搶著買單。
⑦我也想花錢，但總是沒錢給我花。

關於賺錢，有錢人潛意識裡的訊息：

①到處都隱藏著商機。
②我從不追求眼前利益。
③把自己擅長的事做成事業，做強做大。
④我不會為錢而工作。

窮人潛意識裡的訊息：

①賺錢真的太難了。

②我沒有背景、沒有積蓄，更沒有門路，根本不可能賺大錢。

③看看哪一家店賺錢，就加盟哪一家。

④有錢賺，不喜歡也要堅持做啊。

關於存錢，有錢人潛意識裡的訊息：

①我不會刻意存錢，我總有新的構想需要投資。

②我不願意存錢，銀行存款利息太低。

③長期存錢只會讓錢貶值。

④賺的錢都投資在下一個商機裡了，沒多少錢可存。

⑤存錢和炒股，我會選擇後者。

⑥銀行貸款還未還完，沒錢可存。

⑦我的後代會像我一樣能幹，不需要我給他們留積蓄。

窮人潛意識裡的訊息：

①有錢人的錢是存出來的，存一分就多一分。
②把錢存在銀行，多少可以賺取利息。
③存個定期，利息會高一些。
④為了孩子以後買車、買房，我需要存點錢。
⑤存錢讓我有安全感。
⑥存錢，才有好日子過。
⑦不存錢的話，生病了怎麼辦。

看看你身邊的有錢人，透過了解他們的故事，可以輕鬆的挖掘出，隱藏在他們內心世界的財富潛意識，他們獨特的潛意識造就了他們的每一次行動，也造就了他們成為有錢人的本質。

他們的每一個小行為，在你眼中，也許沒有什麼特別的地方，但為什麼你就是做不到？無論如何，請你相信一點：**想變成有錢人，首先要做到的是，永遠相**

信自己就是有錢人，即使現在還不是。

有一次，我和表妹看一個名人訪談節目，受訪者是一個名人的後代。看完後，表妹悶悶不樂。

她：「妳說他的命怎麼就那麼好。父母都是名人，後臺那麼硬，求誰誰都願意幫忙，想做什麼哪有做不成的。」

我：「為什麼要去求人呢？為什麼不是求自己的潛意識呢？求別人有可能被拒絕，求自己的潛意識，一〇〇%不會被拒絕，而且可以協助妳將自己的願望最大化實現。」

她：「什麼意思？」

我：「這個世界上有一種比後臺更硬的東西，就是我們每個人的潛意識。潛意識的創造力和破壞力都是無限的。若我們善加利用，我們的生活便無往而不利。」

我們常聽到一個詞叫「精神力量」，它的根本來自哪裡？它就來自我們的大腦。我們也常聽到另外一個詞叫「潛能」，也就是潛在的能力。它也來自我們的大腦。開發潛能，即開發潛意識。那麼，到底潛意識是什麼？

潛意識是心理學名詞。但是在我看來，我們的潛意識就是自己足夠信仰的東西。例如：我喜歡一個人、我喜歡一種食物、我討厭吃油膩的東西、我害怕做某件事、我很有自信、我很笨、這個題目應該選擇Ａ、那樣做會更容易促成業務等等。這些都可以構成我們的潛意識，它是一種觀念或信念，有時也可能是一種穩定的判斷和認知。

我們大腦中無數條訊息構成了我們的潛意識，有一些經常是活躍的，有一些不那麼活躍。這些訊息來自於細胞遺傳的訊息、外界的訊息，以及後天由我們自己主觀總結的訊息。除了人類自身遺傳的訊息，其他訊息需要我們在大腦裡不斷的重複，才會被啟動，才會慢慢影響我們的言行舉止和生活。

開發潛意識的主動權始終在我們手上，因為我們永遠是訊息的傳送者，而潛意識永遠是被動接收者。無論是什麼樣的訊息，好的、壞的、正面的，或負面的，只要是我們不斷在大腦中重複的，都可能會成為活躍的潛意識，最後都會在我們身上產生作用。

例如，一旦「我皮膚很差」這個訊息在你的大腦中不斷重複，成了活躍的潛意識之後，你的皮膚就會在差的行列裡待著。而每當你滿臉膿瘡，或者看見了皮膚很好的人，你都會無意識的在大腦中重複「我皮膚很差」這個訊息。

久而久之，你會發現自己出現根本沒有辦法忌口、狂愛辛辣油膩的食物、生活作息嚴重不規律、心中總有一口莫名的悶氣得不到舒緩、越來越不愛運動、不愛護膚、經常用各種廉價護膚品搞自己的臉，或者總愛用手在臉上觸摸長痘痘的地方等，一系列讓自己皮膚越來越差的行為。這就是你的潛意識在無意中暗自操控著你的行為。

再拿賺錢這個事情來說，當我們無數次在大腦裡重複「我不是有錢人」這句話，當「我不是有錢人」成了活躍的潛意識，我們的行為會出現這樣的變化：做事綁手綁腳、沒有自信；業務談判過於緊張，談判結果不理想；投資生意失敗後，不敢嘗試新的投資；省吃儉用、拚命存錢、盡量不花錢；愛占小便宜、沒有長遠眼光、追求眼前利益等等。這些表現，與成為一個有錢人，剛好背道而馳。

我們每個人都有過類似這樣的感覺：我明明沒有這麼想，為什麼我卻這麼做了呢？這就是我們的潛意識在積極的發揮作用。

你覺得自己非常喜歡一個人，最後卻沒有跟這個人在一起。這說明在你的潛意識裡，你對這個人還是不夠喜歡。或許，你一直在自己的大腦裡反覆回憶他對你冷淡的畫面，你在大腦裡無數次整理出「他不喜歡我」，或者「我不想再繼續熱臉貼冷屁股」這類訊息，然後讓你們之間的關係一步步疏遠了，最後終於分開了。

分開了以後，你可能會到處問朋友：「為什麼我這麼喜歡他，卻沒有緣分跟他走進婚禮的殿堂呢？」說到底，是你忽略了自己潛意識的力量，你高估了自己對他喜愛的程度。

有一次，我幫公司面試新職員。讓我印象很深刻的是，其中一個應徵者是北京大學的碩士，他來應徵技術管理職位，很多股東一看到學歷，又聽到他流利的面試作答，都對他相當滿意，恨不得立馬簽下他。

我：「你可以如實的評價一下自己嗎？」

他：「我是一個很有正義感、個性平和、很有包容心的一個人。」

我：「你的意思是，你認為自己為人耿直且大方，個性溫和？」

他：「是的。」

我：「這個職位確實需要有頭腦且有包容心的人。但我可以很肯定，你不是這樣的人。你年紀輕輕，眉宇間卻有很深的川字紋，表示你的心態一點也不平和。一個連自己也看不清楚的人，是沒有辦法管理好別人的。所以，在我這裡，你的面試沒有通過。」

部分股東聽了我的話深感驚訝，最終的結果是公司沒有錄用他。小夥子對我也是懷恨在心，事後我收到一些簡訊，是他傳給我的，幾乎全部都是情緒發洩甚至罵我的話。我看到那些訊息，突然笑出聲了，這就是一個評價自己個性平和且有包容心的人？

三年之後，我發現他在一家跟我們是競爭對手的公司裡上班。在一次產品洽談會上，我跟那家公司的總經理閒聊了幾句，提到了他。總經理評價他：「剛來不久，學歷雖然挺高，但是思想好像不太穩定、很急躁，來公司之前，他曾頻繁的換工作，我不太看好他。」

很顯然這位總經理的話也印證了我當時的判斷。很多時候，語言可以精心設計，表情也可以臨場裝扮，但是人的潛意識是不會騙人的。你的面相、處事方式、收入、生活狀況等，都在一定程度上反映出你潛意識的訊息。

回到「錢」上來。每一個人都會有各式各樣的夢想，每個人的夢想各有不同，但大都離不開「錢」字，因為在很多人的潛意識裡，能夠變成有錢人是自己一直在堅持夢想的最好證明。

有意思的是，堅持自己的夢想，一開始往往是看不見錢的。於是，很多人反過來又以「為了錢」的名義而放棄了自己的夢想，做著自己不擅長也不喜歡的工作，直到磨滅自己的生活熱情，到最後，還在感嘆人生有十之八九不如意。

一些表面看上去含金量大的工作，對大部分人來說難免有著強大的吸引力，比如成為演員、歌星……儘管這些行業裡的黑幕不斷的被爆出，依然有很多人擠破頭往裡鑽，猶如飛蛾撲火。與其說他們是為了出名，不如說是為了出名後更容易賺錢。

如何成為有錢人，十足是當下的一個全民話題。幾乎每個人都在追逐金錢。我一直認為，愛錢不是一件醜事。而一個人賺錢的能力和他開發潛意識的能力又是成正比的。無論你從事什麼職業，若可以控制自己的潛意識，不斷調動潛意識中的正面訊息，你就可以**在自己的領域裡發光發熱**。**那時，你一定是個有錢人**。

在我的微信（按：WeChat，即時通訊軟體）裡有一個群組，叫做「心靈交流群組」。一些熱愛心理學的朋友經常會在裡面交流各種心得，也匯聚了不少研究潛意識的朋友。我有空就會進去聽一聽、看一看。有一次，群組裡面有一位長輩說了這麼一段話，讓我印象深刻，也剛好契合這本書的主旨：我們的正常認知是「等我有錢了，再去買我想要的東西」，然後我才認為自己是個有錢人，而潛意識認知則完全是另外一回事，那就是「**我先相信自己是有錢人，做有錢人該做的事，然後我才會越來越有錢**」。

PART
I

不會借錢，你永遠不會成為有錢人

01 敢借，才能激發出賺錢的潛能

借錢，是一種需要勇氣的行為。一個人敢借錢，藏在其潛意識裡的訊息大致分兩種。一種是正面的：我會成為有錢人，或者借錢讓我更有動力賺錢。另一種是負面的：若是再不借錢，我的日子就過不下去了。同樣的，一個人不敢借錢，藏在其潛意識裡的訊息也有兩種。一種是正面的：我要做一個安分守己的人。另一種是負面的：我借了錢也沒有能力還錢。

沒有人天生就願意去借錢，特別是對一個沒有什麼冒險精神的人來說，改變自己潛意識裡的訊息，需要一個契機，甚至需要無數鮮活的刺激擺在眼前，他才會調動出頭腦中「非借不可」的念頭。然而，只有改變了自己潛意識裡的訊息，你才會覺得借錢這個行為並不是被逼迫的。

◈ 借錢的同學給我的啟發

當我還是一個國中生時，經常會在課間休息時遇到某個同學像哈巴狗一樣，趴在桌子面前問我有沒有錢、能不能借給他一點錢。如果我說沒有，他又會賴在其他同學的課桌前嚷嚷著借錢。後來，我會不自覺的把「無賴」這個標籤，像狗皮膏藥一樣貼在他的身上。

事實是，每當他迎面向我走過來時，只要跟我眼神一碰撞，他瞬間便會露出一副奸猾的笑容，似乎「有沒有錢」這一問，隨時會從他嘴裡迸出來一樣。那時，我和班裡的大部分同學一樣，特別鄙視那些經常愛東挪西借的同學。

我發現，幾個愛借錢的同學身上有幾個共同特性：男生；不是坐在最後一排，就是第一排；課堂休息時，從來不會安靜的坐在自己的座位上；臉皮特別厚、滿嘴謊話、成績一塌糊塗、經常蹺課……。

如果說班裡誰丟了東西，我會不自覺的認為是他們當中的某個人幹的。有時，我也會對他們為什麼要借錢進行各種猜想：上網玩遊戲、搞壞了誰家的東西需要賠償……。

後來發生了一件事，改變了我對他們的看法。

王西南，我的國中同學，在班裡是出了名的愛借錢的傢伙。二〇〇一年九年級下學期，我和他是同桌。當時，我的視力有些下降。數學老師每次在黑板上出題，字都寫得特別小。所以我每次看黑板上面的那些題目，都有些吃力。我為了愛美，不願意佩戴近視眼鏡。有意思的是，數學老師偏偏又愛點我的名字，要我看著黑板回答問題，弄得我每次都特別緊張，因為不戴眼鏡的我無法看清楚題目，自然也就不可能答對題目。

王西南視力特別好，每次看我瞇著眼睛看黑板，他都會笑我。有一次，他偷偷跟我說：「這樣吧，妳借十元給我，我以後天天幫妳抄黑板上的題目，否則妳再這麼下去會變成一個瞇瞇眼。」

我瞪了他一眼，一口回絕了他。那時，我會用一個星期時間把零用錢攢起來。我攢不到很多錢，只能攢到五元或十元的樣子。我攢這些錢以備急用。他一下子向我借十元，我自然會下意識的一口回絕他。另外，我認為他這樣的人人品不好，明明是舉手之勞的事情卻非要談條件，讓我非常厭惡，所以我必須一口回絕他。

接下來的每一天，一到課堂休息時，王西南就癱在其他同學的桌邊借錢。可想而知，沒有人願意把自己的零用錢借給他。我很好奇他到底要做什麼，一定要借錢嗎？我決定問個明白。

「你需要借多少錢？」

「二十元。」

「你借二十元做什麼？」

「我嘴裡的臼齒被蛀了個洞，這幾天非常痛，需要趕緊去補牙。」話還沒講完，他便張開了嘴，讓我看他的蛀牙。

「你怎麼不告訴你爸媽，要他們帶你去醫院啊？」

「我爸媽很久沒回家了，我跟著奶奶住。」

「那告訴你奶奶啊！」

「她天天在外面撿垃圾賣，二十元，夠她撿一個星期的垃圾了。」

「二十元，沒有同學會借你這麼多啊，你借不到的。而且即便你借到了，你怎麼還呢，不會想著以後賴帳吧？」

「如果每個人願意借我五元，有四個同學就夠了；如果每個人願意借給我兩元，有十個同學也就夠了。我表叔在門口賣油酥餅，五毛錢一個。我可以每天早上帶油酥餅給同學當早餐，直到夠抵消我跟他們借的錢。到了暑假，我可以在表叔那幫他打一個星期的工，薪水剛好可以抵掉每天從他那裡白拿的油酥餅。」

聽到他這樣講，我並沒有什麼驚訝的感覺。那時的我，對賺錢沒有任何概念，總認為賺錢是大人的事。現在想想，王西南頭腦中的這一套，正是一個有錢人該有的思維。

「你為什麼不直接向你表叔借錢呢？」

「向我表叔借餅可以，但是借錢就不行了，他怕我出去做壞事，我也懶得解釋那麼多。」

經過一番斟酌，我還是把口袋裡僅有的五元借給了他。這是我人生中第一次借錢給別人。他很開心，並允諾多帶一天的油酥餅給我。第二天，他果然**兌現了自己的諾言**，帶了油酥餅和豆漿給我當早餐。

下午，他張開自己的大嘴，給我看了他補的那顆牙齒。我很好奇，他這麼快就借到了剩下的十五元？他跟我說，他找了班導，班導借給了他十五元，並且也願意接受他每天帶早餐來抵債。接下來，大概有十天，我每天早餐吃的都是豆漿和油酥餅。

有意思的是，當他抵夠了五元的債，我竟然想繼續跟他買油酥餅當早餐。他很爽快的答應了我。他表叔店裡的油酥餅，小一點的是五毛錢一個，大一點的七毛錢一個。我每天給他一元，他會給我帶一張七毛錢的油酥餅，外加一杯五毛錢的豆漿。我忽然意識到，他是一個**很懂得感恩**的人。

過了一個月，他又向我借錢，而且這次開口向我借二十元。

「我沒有這麼多錢，你這回又要幹嘛？」

「我想買一臺 Sony 隨身聽。」

「天啊，那起碼也要三、四百元呢，若父母不買給我們，我們學生哪裡買得起啊！」

「從別人那裡買個二手的，只要七十元，那臺還很新，七十元很划算了。」

「那錢也不夠啊！」

「我每天放學後幫我表叔送麵粉，上次欠的債還清了，另外又賺了五十元。我一定要把那臺隨身聽買下來，這樣我每天都可以聽偶像的歌了。」

「另外，我還想存夠十元去買卡帶來聽呢！」

「妳借給我，我買了隨身聽，妳也可以聽啊。」

「可是我只有十元啊，你不會還想向班導借吧？這一次班導是不會借給你的。」

「我不用告訴她理由，只要告訴她我每天早上會繼續幫她帶早餐，她肯定就會借給我了，**畢竟有了第一次借款，她知道我不是個耍賴的人。**」

後來，他真的買了 Sony 隨身聽。他趕流行從來沒有輸過，這給班裡很多同學造成了一種錯覺，他們認為王西南的家庭環境很好。那時，很多同學也有隨身聽，但大都不是 Sony 這樣的名牌隨身聽，一臺最多也才一百多元，甚至很多都是幾十元一臺的那種，而且基本上都是用父母的錢買的。

王西南透過自己攢錢買了 Sony 隨身聽，我竟然還沒有意識到，在對待錢的態度上，我們同齡人早已被他甩到了十萬八千里外，他已經開始在自己的潛意識裡不斷強化「我是一個很會賺錢的人」這樣的訊息了。

會考過後，我去學校填志願時，看見他在他表叔的餅鋪幫忙。

我上去跟他打招呼，笑著問：

「債還完沒啊？」

「早還完了，我在這幫忙一個多月了，現在已經賺了兩百元了。」

兩百元，對於當時的國中生來說是一筆鉅款。在那個瞬間，我真的有點打從心底裡佩服他。因為有了幾筆債，不僅讓他找到了還錢方式，還讓他知道了如何去賺更多的錢。

三年後的一個夏天，我歷經種種困難，終於將夢寐以求的留學簽證拿到手。

當我還在幻想著國外的月亮比較圓時，某一天，我在老家街上遇見了王西南，他正從一個麵包車上往下一箱一箱的卸水果。我有預感，他一定是國中畢業後就沒有繼續讀書了，又或者在給別人做暑期工。我上去和他打聲招呼，想順便在他面前炫耀一下我馬上就要出國的事。

他也看到了我，並且先叫了我的名字，灰頭土臉的衝著我傻笑。

「三年不見了，你這是在給誰打工啊？」

「給自己打工。」

「什麼情況啊，快說來聽聽！」

「我國中畢業後，爸媽離婚了，他們天天不回家，我也就懶得繼續上學了。然後，我跑去廣東給別人打了一年的工，主要就是給一個老闆當跑腿的，他很信任我。我奶奶身體不好，加上我爺爺早不在了，沒人照顧她，我很快便從廣東回來了。我奶奶不願意跟著我爸過，她身體很差，離不開我，但我身上沒有一分錢。我爸為了補償我，把唯一的房子過到了我的名下。我很想賺錢，想自食其力，不想跟父母再要一分錢，我希望做點事讓奶奶可以過得好一點。我當時賺錢的念頭特別強烈：我一定要賺錢，而且要賺很多錢。」

「我的親戚都很窮，沒有人可以投靠。當時，我姨父在水果批發市場當搬運工，天天在我面前說，批發水果很賺錢，因為現在從事批發的人不多，誰有錢投資，誰能吃苦，誰就有錢賺。我想破了腦袋哪能弄到投資的錢，想到了自己手上有間房子。於是，我把房子抵押給了廣東的那位老闆，從他手上借到了六萬元的創業基金。水果批發，我已經做了快兩年了，在我們這個城市已經慢慢做出了規模。妳以後如果需要水果，記得打電話給我呀！」

說完，他笑咪咪的從口袋掏出了一張名片給我。

「也就是說，你房子只賣了六萬元？」

「當時急需借錢，只能拿房子抵押。六萬元早還完了，現在賺了四十多萬元了。等我賺足一百萬元，請妳喝茶。」

聽完後，我怎麼還好意思在他面前講出國留學的事呢？高中畢業以後，我得知從小一起長大的幾個朋友不是要去法國，就是要去英國，我心裡癢癢的，加上大學考試考得不太理想，得知在國內也上不了什麼好大學，我就也想著要跟風出國留學。

然而，我們家裡的經濟條件跟人家不能比。父母是中產階級，每個月只有固定薪水，沒有什麼額外收入，銀行裡的存款更是少得可憐，根本不能供我去國外讀書。我也不知道當時著了什麼魔，就是一心想著出國。為了能夠出國，我天天在家生悶氣，並揚言說，如果出不了國，就連大學也不讀了。

父母沒辦法，只好同意讓我去費用相對來說最低的馬來西亞。經過一番東拼西湊，父母總算湊齊了去馬來西亞留學的第一年費用：五萬元。相較之下，人家王西南自己借錢，不僅還清了債務，而且在十八歲的年紀竟然已經賺了幾十萬元。

那天聽完他的事後，我回到家裡半天回不了神來。再後來，王西南的故事，影響了我好多年。我知道，我的潛意識裡已經開始接收他的一些思想觀念，他的這些思想觀念在一次次反思和重現中，慢慢轉化為我頭腦中比較活躍的潛意識訊息，從而徹底改變了「借錢」在我心中的偏見。

以前，我一直認為那些開口閉口借錢的人，都是生活在社會底層的人，都是沒什麼用的人，我還認為那些喜歡借錢的人，肯定也都是不愛還錢的人，我甚至認為他們跟小偷和強盜沒什麼兩樣，都是想不勞而獲的人。直到王西南的事情發生後，我才相信：**只有敢借錢的人，才能激發出賺錢的潛能**。

二〇〇五年，懷著忐忑的心情，獨自來到了陌生的馬來西亞求學。我手中一疊五萬元的人民幣，一分鐘不到就被換成了只有原來一半厚度的馬幣。交了房租、學費後，我手裡的錢已經所剩無幾。從此，我小心翼翼的開始了留學生活。

因為我的英文很差，所以不能直接進入大學學習。於是，我在馬來西亞先學英語，學了五個月。等到可以進入大學時，我手裡已經一毛錢也沒有了。

當時，我的直覺是被國內辦理留學簽證的機構給騙了。他們告訴我，五萬元在馬來西亞學習一年綽綽有餘，但我這才剛過幾個月，就已經沒有錢了。而且在這幾個月裡，我除了吃飯和買日用品，幾乎沒買過任何東西。眼看自己馬上就要正式進入大學學習了，我算了一下大學的學費，再加上日常開銷……我還需要家裡給我寄近八萬元，才能繼續待在馬來西亞讀書。

之前才交了仲介費，加上亂七八糟的費用，再湊齊五萬元的留學費用，我感覺已經快要了爸媽的命。這下可好，他們兩個人的薪水加在一塊，一年不吃不喝，也不過四萬元，再追加要八萬元，恐怕真的會要了他們的命。我也顧不了還能不能進入大學，我感覺如果再繼續學下去，豈不是要讓我爸媽去賣家當？

那一刻，一股強烈的愧疚感油然而生，這是我長這麼大以來第一次有這樣的感覺。我痛恨自己出國前的任性、幼稚——不管三七二十一的堅持要出國。錢花了好幾萬元了，還沒有學到什麼，就有可能要直接打包回國了。那天晚上，我撥通了我媽的電話，但通話內容讓我徹底驚呆了。

「妳的英文課程結束了吧？今天去大學面試結果如何？」

「嗯……結束了，面試通過了。」

「妳爸今天去銀行把錢全部換成了美金，明天我給妳匯錢，記得查看銀行帳戶啊。」

「學費折合人民幣，每學期要六萬元啊。」

「學費挺貴啊，能怎麼辦呢？這是妳自己的選擇。明天我給妳匯八萬元，妳省著點用。」

「妳哪來那麼多錢啊？又去借的嗎？」

「還不是被妳逼的，當初妳非要去留學，妳也知道的，僅僅靠我和妳爸那點薪水肯定不行啊。我和妳爸決定供妳出國留學後，就一直在想有沒有其他的賺錢方式。還有就是，我特別不喜歡欠別人的錢，我們得想辦法趕緊還錢。」

「妳出國留學時，我向親戚朋友多借了一點錢，一部分給妳留學用，一部分跟妳小舅合夥買了臺二手裝載機。我和妳爸都在交通部門上班，找點活來幹應該不太難。一切還算順利，半年做下來，每家能分個五萬元，一年賺個十來萬元應該也不是大問題。妳可要好好學習啊，千萬不要辜負我們。妳爸昨天還在跟我說，要是早一點想到這條路，或許我們現在已經成為百萬富翁了。」

聽了之後，我愣了很久。我突然有點崇拜我爸媽了。以前，他們在我心中，是沒什麼野心，也沒有什麼經濟頭腦的安分守己的領薪族。現在，他們竟然可以在短期之內創造出之前幾年才能創造出的價值。

從開發個人潛能的角度講，當一份壓力躲不掉且必須面對時，就會轉化成強大的動力。爸媽身上發生的這一切正是源於有了外債，他們心裡已經不能再繼續安逸下去了。他們連嗅覺和聽覺都會瞬間變得敏銳起來，周圍的一切消息都有可能成為商機。

◈ 我借的第一筆錢

在我進入大學還不到一個月的時候，我開口借了這輩子第一筆大額的錢。那次可以說是意外，也可以說是考驗。至少，它讓我對借錢這件事的理解，在心理上實現了一次徹底的昇華。

進入大學以後，我搬到了大學專屬的學生公寓。和國內大學的學生宿舍不同，我那所大學的學生宿舍更像是國內的居家套房，有客廳、餐廳，有小房、中房和大房。一套大概可以住四個學生。大房一般住兩人，如果手頭寬裕的話，也可以選擇自己一個人住大房。一個月需要支付給學校的房租費是，小房四百馬幣（按：新臺幣與馬幣的匯率大約一比八・〇四），中房五百五十馬幣，大房七百馬幣。為了省錢，我跟另外一個學生合租大房，每個月的房租只需要三百五十馬幣。

有一次上完課，我和室友準備一起回宿舍。當我們走到公寓大廳，隱約聽到其他同學說有幾間學生公寓被偷了，馬來西亞的警車也停了好幾輛在公寓旁邊。據說，好多學生的電腦也被偷了。

我們飛奔到房間，心裡唸著自己的房間千萬別被偷啊！結果，越是怕什麼，越是來什麼。我的電腦因為隨身攜帶著，所以沒有丟，但是放在桌子抽屜裡的現金，將近一萬馬幣，折合人民幣兩萬多元，全部都被偷走了。其他兩個朋友的房間裡，值錢的東西也全都被偷走了。

我算是損失比較嚴重的，我哭了一會兒，一個人呆坐在床上很久。沒有了錢，我這學期的生活費便沒了著落。想想上次爸媽寄給我八萬元的日子才剛過多久啊！這也太坑人了吧！

自尊心讓我怎麼也無法再向父母開口要錢了。那一刻，我決定**自己想辦法解決**。我諮詢了本地的朋友，他們說可以去銀行申請留學貸款，如果有簽證、學校證明的話，貸款是很容易批下來的，但是額度不會太高。我想，自己的學費已經交了，額度不高也無所謂，夠基本的生活就行。幾經波折，我從馬來西亞的銀行貸到了一萬馬幣。按十二個月還款的要求，我每個月大概需要還一千一百馬幣。

申請貸款之後，我想過去學校做鐘點工，或者去餐廳端盤子、洗碗。後來它們都被否決了，因為不現實，而且馬來西亞政府有規定，不允許留學生打工。

我突然想到，剛來馬來西亞時，很多留學生為了省房租，把房子整層租下，然後再一間間的租出去，這樣自己的房租就省下來了。於是，我托朋友找了幾處離學校近又便宜的房子，要求有三個臥室。運氣很好，我很快找到了一處年租金九千馬幣的三房兩廳的房子，房子不大，裝修也很簡陋，但整體來說還算乾淨。

房東要求一次付清一年的租金，就這樣，一萬馬幣剛從銀行貸出來，馬上又幾乎都轉到了別人手裡，自己手上只剩下一千馬幣。房子租好之後，我就從學校的公寓搬到了自己租的套房裡，為了讓每個房間更好租出去，我自己住進了僅只有八平方公尺（約二・五坪）的儲物室裡，放了一張單人床和一個小書桌進去，基本上就滿了。

我在外面發布了租屋廣告：大房五百馬幣，可住兩人；中房三百五十馬幣；小房兩百八十馬幣；客廳每人一百五十馬幣，最多兩個人住。馬來西亞的房子，客廳的空間都設計得超級大，很多二手房東都會把客廳分隔租出去。

為了更快的將房子租出去，我出租的每間房的價格都會比市價便宜一百多馬幣。如果全部可以租出去，我每個月除了還銀行貸款，手裡可多出三、四百馬幣，而且我自己的房租也省了下來。

廣告一發出，我每天都能接到很多學生的諮詢電話。房子很快在一個月內全部租出去。房子租給別人，租房者最少需要交三個月的房租，外加一個月的押金。所以，無論什麼時候，我手裡始終會有一千四百多馬幣的流動資金。

半年後，每個房間比原本出租價格多了五十馬幣。就這樣，我順利的度過了我大學的第一年。我向銀行借的錢全部還完不說，而且再也沒有讓父母給我寄額外的生活費。

從那次以後，一直到今天，我始終以一個相對成熟的個體真正走入了社會。時至今日，我已經三十歲了，一路有過各種大借小借，我一點也沒有恐懼過，也沒有太大的壓力，因為在一次次的借錢和還錢後，我不會去質疑我賺錢的能力和所謂的賺錢的運氣。

我的能力在不斷增長，我的運氣也越來越好。我發現：**沒有背負任何債務的人，在生活中難免會過得安逸，因為沒有經歷自己還完債務的過程，也就很難相信自己其實也很有經濟頭腦**。沒有任何債務的人，心裡很難有真正的危機感，而沒有危機感，自然不可能啟動自己賺錢的潛能，自然也就不會在大腦裡輸入「**我很有能力，我很有賺錢頭腦**」這樣的訊息，當然就不可能成為活躍的潛意識，更不會對自己產生作用。

試問：「那些從來不借錢且不是很富有的人，會認為自己是個有錢人？」答案是否定的。還有，那些認為借錢會讓自己變得很累的人，腦子裡裝的是典型的窮人思維。有錢人的生活對這些人來說只能是一種奢想，是一個遙遠的夢。

借錢這個行為，可以告知你自己，並逼迫著你相信自己有能力還錢。當你完成了這個動作，你的嗅覺、聽覺和視覺會瞬間變得比之前敏銳很多倍，你以前從來不會留意的事情，和以前讓你沒有感覺的訊息，如今都會拚命的在你的大腦裡活躍起來，讓你發現或創造一些賺錢的機會。

當然，也有一些人愛借錢，從親人、朋友那裡借，甚至從高利貸機構那裡借，但卻拿借來的錢揮霍或賭博。這種人雖然也借錢，也想著發財，但由於懶惰訊息在這種人的潛意識裡面種得太深，他們只想著什麼也不做，天上就會掉下錢來，一心想著走捷徑，最終難免引火自焚，這也是典型的窮人思維。

02 越借越富，越富越借

在網路上，我看過這樣一則故事：幾個富人在一起聚會，互相打聽對方在銀行還有多少欠款。A說欠一億元，B說欠十億元，C說欠五十億元，D說：「哎呀！你們怎麼欠那麼少啊！我欠了一百億元，你們是不是沒有經營好啊，要不要我幫忙啊？」

也許，你會認為這個故事沒有任何意義，並不能說明什麼。但其實，寫這個故事的人，一定深知富人圈裡的潛規則。這是在告訴我們一個事實：**一個人的富裕程度與其外債的多少是成正比的**，也就是說，**越有錢的人欠的外債越多**。

當一個人透過借貸的形式完成了一次次的資金周轉，或者取得了投資創業上的成功，這個人的大腦就不會恐懼有外債，也會認為借錢的利總是大於弊，自然而然的，「**越借越富，越富越借**」這個訊息會在潛意識裡特別活躍。

一些人又忍不住要說了：「我當然知道有錢人都是越來越有錢，他們有房子、有公司、有資產可以拿去銀行抵押，才能借到這麼多錢，然後錢生錢，但我們這些一窮二白的人，哪有這個本錢去借？說白了，借錢這件事還是要有一定的家產。」

話雖沒錯，但我始終相信，除了「富二代」，沒有人生下來就有這麼多資產閒擺著，讓你以後可以拿去銀行作為貸款抵押。我相信大部分有錢人都是從一次次小借，慢慢累積到後來的大借。他們的家產是慢慢累積起來的，而不是從天上掉下來的。就拿我自己來說，從以前學生時期的小借到現在近千萬的大借，就是一個遞進的過程。

借款的額度可以看出一個人能力的大小。這個能力包括心理承受能力，以及賺錢的能力等等。沒有人會在信用評分被打為零，也沒有任何資產的情況下，去外面獅子大開口借到一筆根本無法償還的債務。即便有這樣的人，那也是打算當一個只借不還的逃兵。

當你累積了一定的資產，你才能把這些資產進行抵押，給自己帶來更多的流動資金，以方便啟動新的投資。我的一些富豪朋友，基本上都是透過這樣滾雪球式的借貸，一步步發展起來的。

◈第一次接觸真正的有錢人

二〇一〇年年初，我準備回國，臨走前，我的一個朋友莉莉要我幫她把一些東西帶回國給她媽媽。莉莉告訴我，她會打電話給她媽媽，要她媽媽去機場接我，然後請我順便把她的東西轉交給她媽媽。

下飛機後，我發現來接機的是一個五十多歲的大叔。剛開始，我以為他是莉莉的爸爸，後來透過介紹才知道他是司機，他已經在莉莉媽媽的公司開了十五年的車了。他對我很友善，一路上一直笑著和我聊天。透過他，我知道莉莉媽媽超級能幹、超級有錢。

車子開了近兩個小時，終於從機場開到了市區。原來，莉莉的家住在具有北京特色的四合院裡。在國外看慣了高樓和別墅，我反而對這種充滿古色古香氣息的房屋有著一種莫名的好感。司機把車停好後，我隨著司機一起進入了院子。院裡種滿了花草，還有一些農家小菜。四間房門外觀的設計算不上奢華，但感覺很有格調。

我隨口問：「這房子應該要一千多萬元吧？」

大叔笑了笑：「妳這個價格可以買院子的一個角落。」

天啊！一千萬元只夠買一個角落，這是什麼概念！我突然有點羨慕莉莉，有這麼一個「土豪」的家。司機大叔把我領到了我們正前方的屋裡，示意我休息一下，並跟我說莉莉媽媽正在回來的路上。

不一會兒，進來了一個和藹的大嬸，端著泡好的茶，小心翼翼的放在我面前，並囑咐我有什麼需要的話，直接叫她就行了。不用問，我就知道這是莉莉家的保母。我更羨慕她了，這不正是電視劇裡面演的貴族生活嗎？有豪宅、豪華轎車、司機、管家、保母……。

大概半個小時後，一個打扮非常端莊的中年婦女走了進來。她笑著跟我打了招呼。不用說，這一定是莉莉的媽媽。她看見我，直接走上來給了我一個擁抱，嘴裡說著：「女兒（按：女兒在此為與對方表示親近的稱呼），坐這麼久的飛機，又坐這麼久的車，真是辛苦了啊。」

莉莉媽媽對生活品質是非常注重的，雖然有錢，但不會隨意吃喝。所以，身材保養得相當好。相較之下，我媽從不忌口，想吃什麼就吃什麼，只要喜歡吃的就能吃到撐，所以我媽一直是個胖子。想到這裡，我心裡面難免感慨這種差距。

不一會兒，莉莉媽媽的手機響了。聽到她對電話那頭的人說的話，我嘴裡的飯差點噴出來。

「對對對，那個錢銀行已經批了，明天你請財務查帳。這次只貸到一億元，明天請小吳跟我一起再跑一下別的銀行，還需要再貸一億元。」

貸了一億元？再貸一億元？這還想讓我繼續吃飯嗎？這飯我還能吃得進去嗎？正如曲藝家趙本山小品裡的一句臺詞：「同樣是人，做人的差距怎麼那麼大呢？」

當我還認為一百萬元遙不可及、一千萬元是天文數字時，莉莉媽媽早已經和「億」這個單位打交道了。如果我把自己的家產爆出來，她會不會想，就我們家這種條件也能把我送出國？她會不會認為我們家是打腫臉充胖子？

吃完飯，莉莉媽媽拉著我一起坐著聊天。沒想到的是，聊天內容更讓我瞠目結舌。

「女兒，妳爸媽是做什麼的？」

說實話，她左一聲女兒、右一聲女兒，確實讓我倍感親切，心裡面也輕鬆了許多。

「普通職員。」

「哦？那妳父母也很能幹啊！我聽莉莉說，妳在馬來西亞讀了一年多才去澳洲的，澳洲消費比馬來西亞高多了吧。」

「阿姨，您也是自己從外面借錢起步的嗎？」

「這妳可說對了，對於當初那個一窮二白的我來說，不借錢怎麼起步？我跟莉莉爸爸結婚時，莉莉外婆給了我幾萬元做陪嫁，後來自己不知怎麼花的把錢賠光了。到莉莉上小學時，為了能讓她上重點學校（按：中國當局教育部審批，集中人力、資源的優先學校），我才想買間學區房。學區房那麼貴，我勉強東拼西湊弄到了首付。還好北京那兩年的房價翻了好幾倍，我曾經也炒過房子，在那段期間也算是大賺了一筆。我們住這裡之前換過好幾間房子呢。」

「有了外債後，會不會給您帶來賺錢的動力？」

「肯定了，**借了錢後就要想盡辦法還**，我可真是想破了腦袋。最後回到老本行，想到了經營藥材批發生意，一步步走到現在。不過還好，我周圍的人，包括莉莉，都會在我身邊給我加油打氣。每當我覺得快撐不下去時，我心中總有一個很強的信念支撐著我堅持下去。錢借到了，我會總結過去的經驗教訓，重新開始。」

莉莉的媽媽很健談，和她聊天很開心，沒有因為年紀差異造成任何隔閡。接著，她又講了很多關於莉莉的事，讓我頓時對莉莉也刮目相看起來。

「雖然我努力在創造財富，給女兒創造好的生活條件，可是我在金錢方面從來沒有縱容過她。人人都說女兒要富養，但我始終認為富養主要是給她一個高品味的生活環境和開闊她的眼界。假如我沒有錢，她是很難擁有這些的。但我絕對不會給她一大筆錢讓她亂花，以至於一味的滿足她所有的欲望。

「您真是個很有智慧的媽媽。」

「莉莉這點很像我，是個欲望很強的人。她還是個小學生時，為了買她想要的東西，她就學會了借錢。那時，她的好多同學要債要到我們家裡來。因為這事，我罵過她，甚至打過她，但她一點也不記取教訓。國中時，她為了出去拍大頭貼，或者和同學一起春遊，也會到處借錢。我當時還在想，我是不是管她管得太嚴格了？仔細想想，並不是那麼一回事。我只能說，她太不容易滿足了，正常的生活費和學費，我給的不比其他家長給自己孩子的少，但根本滿足不了她。」

「直到有一天，莉莉跟我說，她不用我幫她還錢，她自己會想辦法還錢。我真的是悲喜交加，我願意選擇相信她。後來，她真的沒有讓我失望，她盡可能利用暑假和寒假跑去外面打工賺錢。在我生日時，她還會用自己賺來的錢給我買小禮物。」

「您的生意做得這麼大，她有想過直接去自家的公司上班賺錢嗎？」

「她的興趣愛好不在這裡。再說，我也不贊成她單純為了錢去做事。我知道她一直喜歡設計方面的工作，所以也就很鼓勵她到外頭學習和鍛鍊。後來，在自家公司的產品宣傳上面，莉莉還絞盡腦汁幫忙做廣告文案之類的。她讓我很欣慰。」

「她這點魄力倒挺像我國中的一個同學。」

「妳知道嗎？她出國留學都是她自己去貸款的。」

「是嗎？我沒聽她說過。」

「高中畢業後，她向我借了點錢，註冊了一家廣告設計公司。大學一年級和二年級，她是在北京大學上的，主攻設計。她邀請了他們班上設計最好的幾個同學去她的小公司上班。經營得還不錯。這孩子很執著、有衝勁，很像年輕時候的我。當時我資助她創業時，她硬是要寫一張借據給我，那時就看得出她很認真。在出國留學之前，她就把跟我借的錢都還給了我。我說這個錢她不用還了，算是對她的獎勵，可是她很有自信的說自己已經可以賺更多的錢。」

「也就是說，她是靠自己的小公司從銀行貸款出去留學的？」

「這只是一部分，另一部分是她申請的獎學金。」

「她出國以後，誰幫她打理公司呢？」

「她請了她最信任的朋友幫她管理公司，加上我偶爾幫忙把關，到現在，她的公司還是經營得有聲有色的。」

那天，我跟莉莉媽媽聊到很晚。我忽然意識到，真正的榜樣就在我身邊，我卻從來沒有發現。後來，透過網路聊天軟體，我跟莉莉聊過幾次，我批評她為人太低調，早應該把自己的事說出來激勵一下我們這幫同學。她卻認為自己所做的沒什麼大不了的，現在有本事的年輕人一抓一大把。她還說，等到她碩士學位拿到手以後，要回國闖出一番天地。

我們若仔細觀察，就不難發現，這個世界上大部分人都不安於現狀。我們總是覺得自己賺的錢不夠花、總以為有錢人的錢花不完。事實是，**越有錢的人，越有經濟頭腦的人，越容易身負外債，而且越借越多、越借越勇敢**。這是有錢人世界裡一個很普遍的現象。

◈月入過萬的生活

大學畢業後，我回國的第一份工作相較於其他同齡人來說還算理想。以前是個學生，總認為月入過萬是個夢，離自己很遙遠。然而，我很快就從月入幾千增加到幾萬。當手裡的錢越來越多，我就開始變得不安分起來。我會花幾萬去買貓咪，甚至想著把繁殖貓咪當作自己的副業。但因為對養殖業不在行，只能以失敗收場。

二〇一二年，我的事業很風光。但在感情上略顯幼稚的我，與一個相處不到一個月的男人奉子成婚。結婚後，我才發現，我跟這個男人的三觀（按：世界觀、人生觀、價值觀的合稱）大相徑庭，更像是兩條平行線，根本找不到一個交叉點。

我在潛意識裡堅信一句話：**世界上沒有垃圾，只有放錯地方的資源**。同樣的，我也明白，**這個世界上沒有不好的人，和不合適的人在一起才會顯得不好**。我跟他都明白彼此不是合適自己的那個人。二〇一三年年初我們和平分手後，我獨自帶著剛過哺乳期的女兒離開了家鄉、來到了南方。

我離開老家，主要是考慮到女兒。老家的空氣品質太差，還有各個方面的生活條件都落後於其他大城市。在精挑細選後，我毅然選擇了珠海這個美麗又文明的城市謀生。剛來珠海時，我手裡大概有個幾十萬元的積蓄。我想，如果抵押買個一百多萬元的房子，每個月下來應該也算輕鬆自在。

然而，我卻看中了一間首付就要一、兩百萬元的海景房。我去看了樣品屋，站在陽臺上，面向大海，那種感覺頓時讓自己的心胸開闊了許多，我想著如果一個人每天起床後，都可以面對著廣闊無邊的大海，心是不是也能夠變得寬闊得可以「撐船」呢？

我算了一下自己的老本，離買這套房子確實有點距離，可是我身邊很多有錢人朋友的故事一直激勵著我。我鼓足了勇氣，決定買下這間房子。接下來，我就從各個能借到錢的地方借錢，終於湊齊了首付。然後，我又順利的從銀行貸到了剩下的七〇％。迄今為止，這是我借的最大的一筆錢。我媽因此開玩笑說：「妳以前一直嘲笑那些房奴，嘲笑那些把所有積蓄都投到房子上的人，妳還不是也成了一個名副其實的房奴。」

以前，在我還是個學生時，我確實想不通為什麼一個人會把自己所有的錢拿出去買一樣東西。如果不是跟那麼多有錢人接觸過，並看著他們如何一步步走過來的，我還是會繼續嘲笑那些房奴、車奴，我也會繼續過著一種中規中矩的生活。

有了這筆債務罩住我，我以為自己會乖乖得省吃儉用，拚命賺錢、存錢、還房貸。但事實並不是這樣，我並沒有比以前過得節省，反而開銷更大了。我想，這大概是個人資產的增加，給自己增加了一份自信和勇氣，從此「**我是有錢人**」這個觀念慢慢在自己的大腦中生根了。這充分反映在我的日常生活上面，一點也不省吃、不省喝、不省穿。

房子買完後，沒過多久，我又想買車。我媽對我說：「妳每個月兩萬多元的房貸加上孩子的開銷，還有自己在生活上的基本開銷，哪裡還能再買車啊！過幾年再買吧，要不然妳把老家的車開過去。」

我心想：「這怎麼行，幾百萬元我都借了，買個車也就幾十萬元而已，我還能借不起？」

於是，我瞞著家人，把車也買了。而且在一年不到的時間裡，我先後買了兩輛車。事實上，每當我下大本錢買一樣東西時，我都先洞悉了一些新的賺錢方法，我的月薪也一直在上漲。我在銀行的徵信一直都很高，因為我從來不逾期還款。

在我身負債務時，我的潛意識會激發我身邊所有看似平常的訊息，並讓自己從中發現商機。加上我的潛意識裡有類似「**我會越來越富有**」這樣的訊息，周圍的一切都會順理成章的配合著我不斷賺錢的行為，一步步讓我真的變得越來越富有。

我們不要認為有錢人都有很多閒錢花。我相信很多人都說過類似這樣的話：「等我以後賺足了二十萬元，我會考慮買輛杜卡迪（Ducati）；等我有了一百萬元，我可能會買輛寶馬X5；等我成了千萬富翁，我就回家鄉開一間工廠。」後來你會發現，當你手裡只有三十萬元不到，你就去買了X5；當你手裡只有兩百萬元不到，你毅然決定立馬要開一間需要資金千萬的工廠。

太多事實說明：有一萬元的人會去做十萬元的事，有十萬元的人會去做一百萬元的事，有一百萬元的人會去做一千萬元的事……因為有潛質變富有的人在決定做某件事時，手裡都不會有很充裕的錢，這時候與窮人之間拉開差別的就是，自信、智慧與勇氣。

有錢人是從別人嘴裡說出來的，沒有人會定義自己是有錢人，因為總有新的欲望逼迫著自己往新的臺階上爬。如果每個人都認為自己的錢夠花，這個世界就不存在借錢這件事了。

借錢就好像高空彈跳一樣。當你站在三十公尺高空時會心生恐懼，但跳下去後恐懼感就會大大縮小，自己也會因此變得勇敢。而在挑戰了三十公尺之後，就會想再挑戰四十公尺、五十公尺……借錢也是如此，你需要克服心理恐懼，給自己信心，相信自己一定有能力償還。真正的有錢人只會越借越多，而且越借越富。

最近，我再聯繫莉莉時，她早已回國。而她公司的業務也早已經拓展到全國各地。上次在微信聊天時，我們談到各自的債務問題，我被她數落了一頓：「好姊妹，不行啊，妳都快要三十歲了，還借不到一千萬元，需要再接再厲啊。」

03 有錢人的身家一大半都因借而來的

你可能會說：「我的工作還算穩定，賺的錢足夠日常開銷，平時在生活中非常節約，也不會花大錢去買名牌以及各種奢侈品。另外，我暫時也沒有想要買車、買房，也沒有投資、創業的計畫。我為什麼要去借錢？借錢就要給別人額外的利息，太不划算了，我才不要讓自己活得那麼累！」

如果你真是這麼想的，而且每天都過得充實快樂，那麼請繼續你無債一身輕的生活方式。就怕你在這麼想的同時，卻整天怨天尤人的過日子，覺得自己生不逢時、欣賞的人不喜歡自己、得不到老闆的賞識、老公沒有用、老婆總是亂花錢、生活過於平淡……你即使有點小積蓄，但還是會抱怨自己過得不夠幸福，還是會把大部分時間浪費在關注娛樂八卦，和抱怨自己周圍的一切上面。

◈合理的借錢，富裕的開始

我們的長輩在我們還是個小孩時就告訴我們：「要學會先苦後甘。不要老想著享受，否則以後會吃很多苦頭的。要好好讀書，長大以後才能找到好工作，才能賺很多的錢。然後再把錢存起來，才能買房、買車，買一切自己想擁有的東西。」

有意思的是，長輩嘴裡說著「先苦後甘」，卻在生活中盡可能「甜」的照顧我們，盡量避免讓我們受苦。從潛意識層面來說，他們也是不願意主動去吃苦的人，甚至是排斥吃苦這件事的。想當然會把負債看成是一件很苦的事，因為在某段時間裡，負債確實會讓一個人甚至一家人，在身體和心理上過得異常辛苦。

事實上，在當下，一個人做一份普通的工作，如果一直循著攢到錢後再買車、買房的路走下去，估計你走了大半輩子仍然走不到盡頭。以自己為例，若我不靠貸款，也買不起現在住的這間房子和現在開的車子。

如果有人建議不願意負債的人從銀行抵押貸款買房、買車，他們會很排斥，認為那樣做很沒有安全感，認為借錢都是沒錢的人才會去幹的事，認為自己銀行有存款，沒必要去貸款，去過一種「不切實際」的生活。所以，很多老一輩的人，當聽到自己子女需要買車、買房時，大都是拿出自己辛苦存了一輩子的積蓄，給孩子買車、買房，付款時還會很豪爽的說：「一次付清。」

說到這裡，我想起去年在珠海認識的一個年輕的游泳教練。那段時間，他正為自己抵押買房的事情東奔西跑。他要買的房子不算大，八十多平方公尺（約二十五坪），總計一百多萬元。按理說，首付三成，以他的收入，以後再按月還貸是很輕鬆的事情，可他卻一開始就付了五成首付。

「既然交三成就可以，你為什麼要交五成呢？」

「我是想交三成的，但我媽硬是給我湊夠了五成的錢，囑咐我一定要交五成，這樣我每個月的還款金額就會少一些。」

很顯然，如果手裡錢足夠，他們是不會選擇抵押的，那樣連利息都不需要承擔了。透過這個年輕游泳教練的行為，我想說的是，在他和他媽媽的潛意識裡，充滿了阻礙他們成為有錢人的訊息。

我在心裡想，有錢人都在想辦法從銀行貸款，留住自己手上的現有資金。說句比較無賴的話，**這年頭能用別人的錢，誰還願意用自己的錢啊！**就拿這個游泳教練買房的事情來說，他手裡有總房價五成的錢，如果首付只交三成的話，房子照樣可以買下來不說，另外兩成留在自己手中做點其他的事，或者平時生活救救急，投資讓錢生錢之類的，不是更好嗎？

還有一點也很重要，長遠來看，**錢永遠是在不斷的貶值中，從銀行裡借得越多越得利**。舉個例子，二十年前如果貸款買一間房子，首付三成，分三十年還完，無論是選擇等額本息還是等額本金還款，都是賺。拿當時每個月還款五百元來說，確實是一筆大數目，但擱到現在，五百元已經不足掛齒。

他們為什麼會不想欠銀行錢呢？說白了，就是他們的思維被限制住了。他們把焦點都放在銀行貸款的利息上面，因為他們想不到讓手裡的錢生錢的辦法，只想到要盡可能快的把貸款還完，甚至根本不想背負不必要的銀行利息。

像游泳教練媽媽一樣思維的人，擠滿了各個角落，包括我的媽媽。

我買房以後，我媽媽經常在我耳邊說：「如果賺到了錢，趕緊把跟銀行借的錢還掉啊！三十年的房貸，每個月兩萬元，什麼時候才能還完啊！我想到都會徹夜難眠。」

我：「二十年後，每月兩萬元的房貸，可能就跟現在每個月兩千元的房貸那種感覺一樣了，妳怎麼不這麼想呢？」

我們身邊有太多的人，一輩子小心翼翼的賺錢、花錢，從來不借錢，也不允許自己有無謂的債。這樣的人生不能說一定很失敗，但是一定不精彩。在這類人的潛意識裡，一般都裝著這樣的訊息：

① 我不是有錢人，借的錢有可能還不了，還是賺多少就花多少更安全。

② 借錢就要還利息，太不划算。

現在，當我們看見一個年紀輕輕、就已經過著自己可能拚一輩子也沒辦法實現的生活的人，如果這個人是女生，我們會認為她一定是「網紅」，不然就是在背地裡幹著一些不可告人的勾當……如果這個人是男生，我們會認為他一定是混娛樂圈的，不然就是「富二代」……。

但就是有這麼一小撮人，他們智慧和勇氣兼得，他們站在你面前，讓你看見他們散發著青春氣息的臉龐，卻經濟獨立，享受著優越的名氣和高人一等的生活。簡單的說，他們早就過著有錢人的生活。

真正特別的一點就是，他們懂得跟銀行借錢讓自己的優裕生活提前到來。不會只在自己需要錢時才去借錢，他們從來不會認為自己的錢夠用，總是會發現新的投資機會，並透過各種管道為自己爭取更多的流動資金。他們有再多的錢，都可以做很好的運用。其實，在他們的潛意識中，一直重覆著這樣的訊息：有錢人的身家一大半都是借來的，**縮小自己與富人差距的唯一方法**就是學會合理的借錢。

我還記得，高中畢業後那陣子，我跟幾個同學在一起看韓劇。那部戲裡有一個情節：女主角是生活在社會底層的人，她計畫給自己暗戀的人買一份像樣的禮物，而她喜歡的人是一家公司的高層，她想送一支筆給他，讓他在以後拿著筆簽名時可以想起她，於是就借錢買了一支名牌鋼筆。

我們其中一個同學看了之後說：「不至於吧！買支筆也借錢，太誇張了吧！」對於當時的我來說，我也很贊同那位同學的看法，買支鋼筆也借錢，編劇實在是太誇張了。

後來每次再想到這個情節時，我認為相當合理。對於戲裡的女主角來說，如果不靠借錢是無法一次付清的。最後男主角愛上女主角，當然不只是因為這支筆，女主角也很聰明，沒有因為自己收入低而放棄追求「高富帥」。當然，這是在戲裡，如果在現實生活中，試問：有幾個女生會為了自己仰慕的人，借錢買一樣東西呢？很多女生可能會想：我跟男神對品味的講究是不同的，大不了什麼也不送了，何必打腫臉充胖子呢？

在這個世界上，除了按部就班的生活方式，還需要勇氣和遠見的生活方式。「**提前消費，在最美好的歲月讓幸福提前**。」你需要把這樣的訊息裝進自己的潛意識裡。

現在的你可能剛二十出頭，但你可以開豪華轎車、住豪宅、出國深造、創業當老闆、吃遍山珍海味、遊遍大江南北、提前開始做保養、上各種學習班、在遇見喜歡的人時有自信追求……如果不借錢，你是不可能早早的擁有這些的。如果不學著借貸，你只能一步一腳印，枯燥的行駛在無聊的生活軌跡上，遇見想買的東西只能流著口水眼巴巴看著，在怨天尤人和仰望有錢人的鬱悶中，度過自己的青春歲月。

我回國後，智慧手機的問世像龍捲風一樣襲來，直接擊倒了當時的手機霸主諾基亞。最大風潮來自蘋果手機，但蘋果手機的價格對於大部分人來說還是屬於偏貴的，如果一個人的月收入是三千元，這個人就得不吃不喝一、兩個月，才能買一支蘋果手機。若等存夠了錢再買，那不知道又更新到哪一代了。

老實說，蘋果手機確實很好用、很便利，而且外觀也很時尚，不少人中了蘋果的毒。前兩年，曾網傳過一些為了買蘋果手機而賣血、賣腎的事情。先不說這些消息是真還是假，如果他們知道可以借貸買蘋果手機，我相信就不會有這樣的悲劇發生。

有人可能會跳出來說：「他們還是學生，沒什麼錢，誰會借貸給他們？那些街上拿著蘋果手機的學生，全都是他們父母買給他們的。」

我想說：「你沒見過，不代表不存在，沒有經驗可以多問、多學。我見多了還是學生的人已經盡情的利用各種小額貸款。」

關於買蘋果手機這件事，一次付清的人多半會嘲笑那些借貸買的人，會認為他們買不起還要硬撐，死要面子活受罪。但事實上，在我自己身邊的一些姊妹，她們的收入完全可以一次付清，但仍然選擇借貸。起初，我也很納悶。一次偶然，我在和一個超級會理財的閨蜜阿香的聊天中了解到了真相。

她說：「幾千元借貸一年，每個月也就還幾百元，對我來說不算什麼，這個費用不會給我製造任何壓力，如果有信用卡的話，那就更加輕鬆。但是借貸可以讓我的徵信紀錄加分。當這種小小的借貸一次次累積下來，且每次都能如期還清欠款時，可以增加信用卡的使用額度，我剛開始辦的信用卡額度是五千元，現在已經升到了三萬五千元。而且在每次辦理信用貸款業務時，額度也是比較高的，我記得最高一次給我批了十二萬元。過程也是超級方便，只需要自己打電話到信用卡總部那裡，貸款立馬就能批下來，不需要銀行交易紀錄，不需要薪資證明，而且利息也不是很高。」

阿香是一個對自己生活從來不將就的人，家裡購買的每組家具都非常精緻、氣派。她從來不會把家具一次購齊，因為手上也沒有那麼多空閒資金。也絕對不允許自己買一堆劣質品回來，所以每次只買一樣東西，然後選擇借貸。

趁著年輕，學會貸款，但一定要做到按時還錢。這樣無論是在個人，還是銀行，都可以留下好的徵信紀錄，為自己信譽累積較高的分數。慢慢的你會發現，別人很難辦下來的貸款，你可以很輕鬆貸下來，這是一種難得的優勢和特權。

有一些人會說：「我房子有了、車也有了，也沒有額外的投資，我借錢幹嘛？」

我想對這些人說：「我房也有了、車也有了，也沒有做大買賣，我每個月還了以前的貸款，還能剩餘一部分錢。但是，我還是在不停的貸款，因為我可以透過貸款不斷的往自己身上投資、往自己的生活上投資，等到我老去的那一天，我的帳還完了，我自己的人生也過得充實了。」

◈ 遲來的感謝信

我有一個朋友佳佳，在某家醫院當護士，每個月領三千元的薪水，一個月前卻嫁給了一個身家千萬的商人。在婚禮當天，她發微信感謝我，說是因為我讓她轉換了思維，才能結識她現在的老公。

二〇一一年，佳佳大專畢業時被分到她家鄉的一個二甲醫院（按：即二級甲等醫院，大陸醫院分「三級六等」，二級醫院屬省級管轄）實習，後來轉為正職了，就一直做著護士的工作。平時，她生活非常節儉，不用問也知道，她應該存了些錢。但她一直找不到心儀的人，她求助我，要我告訴她方法。前年年初，她來珠海找我，我請她去咖啡店喝咖啡。

「好羨慕妳現在的日子，真是瀟灑啊。」

「妳也可以啊，只是妳沒想明白而已。」

「我？別開玩笑了，我每個月三千元的薪水，能做啥？」

「妳現在攢了多少錢？」

「跟妳不能比呀，不到十萬元。」

「我一分錢也沒有攢，還負債累累，哈哈。」

「可是妳生活怎麼過得那麼好啊？」

「對啊，不負債，怎麼能生活得那麼好？等攢夠了錢再過好生活，豈不是已經成了老太婆？」

「不過，妳能借到這麼多錢，就代表妳有這個能力還啊。」

「那可不一定哦。」

「不會吧，那豈不是跟賭博一樣。我沒有妳這個勇氣。我也沒有什麼追求，只想找到好的另外一半，就知足了。」

「那妳先學會貸款吧。」

「妳開玩笑吧，找好的另外一半為什麼非要學會貸款？而且我有點存款，肯定不可能去貸款。」

「那妳告訴我，對妳而言，什麼才是好的另一半？」

「經濟能力好、有魅力、有責任心的男人。」

「這種男人都被優秀的女孩綁住了，妳這麼樸素，怎麼可能吸引到他們？從現在開始，妳得學會去貸款裝扮自己，定期給自己買點名牌，不要再提這麼廉價的包了。」

我眼睛往她那個破舊的包瞄了一眼。

「那也太浪費錢了，不是我的風格啊。」

「所以我要妳貸款啊，妳只有十萬元的存款，買兩、三個名牌包就沒有了。但是妳可以貸款買兩個好包和五套像樣的衣服，一年內分期付款，保證自己下班後像個名媛一樣。妳現在沒有貸款買房、買車，只是買行頭會更簡單。」

「買行頭？怎麼貸？」

「妳自己去銀行諮詢，妳是護士，很好辦理的，可以辦張信用卡，把裡面的金額一次刷掉，然後自己分期來還，或者看看銀行有沒有什麼比較容易的小額貸款業務，去諮詢一下。如果一切順利辦下來，妳的十萬元存款絲毫不用動，妳只是提前動了妳未來的錢。」

「妳的建議還是讓我有點迷茫。我這樣打扮自己，就會有好男人送上門了嗎？」

「對啊。」

後來，她回去自己的城市，而且很久沒有跟我聯繫。我也就沒有再想起她的事情，直到去年她寄喜帖給我，而且寫了超長的信寄到電子信箱感謝我。

親愛的冰冰：

我本來打算打電話告訴妳這則喜訊的，然後說兩句感謝的話。後來想想，我知道妳要出書，我寫信給妳的話，妳更能當成素材分享給更多人。

從上次跟妳分開後，回來我想了很久，起初我認為妳是胡亂給我建議，也認為自己不可能用妳的那種生活方式過日子。後來，很偶然的一個機會，我陪同事一起去銀行諮詢房貸的事，我的同事馬上要結婚了，需要購買新房。

在諮詢的過程中，我才知道，原來可以透過銀行貸款滿足多種大金額的消費，比如擺婚宴、新房裝修等等。後來，我就想起妳說的話，並決定從銀行貸款來妝扮自己。

我向銀行申請了五萬元的貸款，貸款環節很簡單，一點也不複雜，只需要提交自己的工作證明、薪資證明和財力證明。借款五年，每個月才還一千元不到。這樣的話，我最起碼每個月還能存一千元，日常開銷還可以花一千元。我想著，就豁出去一次試試吧。

我用這五萬元買了兩個一萬多元的包包、五套衣服，每套衣服三千元左右。天啊，我從來沒有買過這麼貴的衣服。不過說真的，這麼貴的衣服穿在身上，真的有自信許多。

之後，有幾個朋友都猜測我談戀愛了，穿那麼高檔、漂亮的衣服，背那麼貴的包包，肯定是哪個富翁男朋友送給我的。想想現在這個社會，人們的心都好陰暗啊。大家似乎都不相信，女生也可以自食其力的過上好日子。

大概在我開始還款之後的第四個月，奇蹟真的出現了。我上大專時的同學跟著她現在公司的幾個股東去武當山（按：位於中國湖北省），因為路過我家，所以她聯絡我，問我是否一起去，剛好那天我休息，我就跟著一起去了。然後，我就認識了我的另一半。剛開始和他接觸時，我還怕他嫌棄我家窮。他比我大七歲，又是公司股東，算是個黃金單身漢。

我跟他在一起時，每天都把自己打扮得特別好看。後來，我自己又買了五、六套衣服。每次他都稱讚我穿衣服好看、很有品味。慢慢的，他也會主動送我很貴的衣服，當我告訴他我貸款買衣服時，他很驚訝，還說我是個傻瓜，然後說要幫我把銀行欠款還了，但被我拒絕了。

從此，他更欣賞我了，說我跟其他女孩子不一樣。我當時想，這都是拜冰冰妳這個偉大的軍師所賜啊。我現在認為，只要跟妳有深入交流的人，可能會變得不被常人理解，但都能獲得很好的生活。從那之後，我買的每一樣東西都是很高檔的，而且眼光越來越高。他越來越愛我，而且越來越離不開我，我跟他相處不到八個月，他就跟我求婚了。

這讓我感覺太不可思議了！冰冰，要是早點跟妳聊天就好了。謝謝妳教我學會借貸生活，教我人生要學會提前享受。希望妳可以把這些寫出來，寫在書裡，幫助更多人。

永遠的姊妹：佳佳

根據吸引力法則（按：泛指思想相近的兩人會彼此吸引），當你像有錢人那樣生活時，你的周圍也會慢慢出現磁場相同的人與你相識，而與你磁場相同的人，往往都是有錢人。更重要的是，適當負債，可以激發你自己賺錢的潛能，然後慢慢適應這種負債心理。千萬不要質疑自己的適應能力。

人是所有物種中最高級的物種，具有強大的適應環境的能力，為了可以存活下來，可以像孫悟空一樣七十二變、可以上九天攬月、可以下五洋捉鱉。隨著環境的改變，我們潛意識裡活躍的訊息也在不斷改變。

每個人身上都適當的背負著一點債，頭腦會變得更加清晰，人生規畫會更加詳細，賺錢的腳步也會加快。這是一種變相追求適當壓力的生活方式，而適當的壓力，絕對可以激起你內在的生活動力，你的生活會因此變得越來越好。

04 借錢見人心，還錢見人品！

我們將對自己有用的訊息輸入到自己的頭腦裡，進而輸入到潛意識裡。我們需要大量的事實和知識，來完善自己對於某種訊息的「認可」，這樣的訊息才能更有效的形成活躍的潛意識，我們自己才會真正行動起來。你想成為有錢人的行動需要建立在借貸的相關知識上，不能盲目行動。

◈ 借錢，是有正確方法的

常見的借貸方式有兩種。一種是無抵押借貸，有三個管道：

①從親人、朋友、同事或老闆手裡借。

②銀行不定期推出的信用貸款業務。

③私人小額貸款公司。

第二種是抵押貸款，有兩種管道：

① 銀行推出的各種抵押貸款業務。

② 私人小額貸款公司。

關於私人小額貸款公司，我在這裡就不做推薦了。因為利息較高，雖然放款條件比較寬鬆，但對於借款人來說風險較大，且龍蛇混雜，很多不正規的公司打著小額貸款的名義進行詐騙的案子也不少。

去年，我的一個深圳朋友阿富，急需二十萬元周轉資金。他也知道信用貸款放款比較快，就在網站上搜索各種信用貸款。結果，他找到一家「××小額貸款有限公司」。上面要求提供QQ號碼和手機號碼，然後對方就發給阿富一份申請資料，要阿富填寫好之後，附上身分證影本一起傳真過去。

不一會兒，阿富就收到了對方一份貸款合約，合約的相關內容是「每月必須支付貸款額度的〇・〇八％利息，直至到期日連同本金一次性還清」、「貸款方應在一日內將貸款放出」、「若貸款方未按期發放貸款，或者因故解除合約，將承擔貸款金額一〇％的違約金」、「借款方因故解約的話，要承擔五％的違約金」、「借款方必須在自己用於貸款的銀行帳戶裡，有一〇％以上的流動資金過給貸款方財務進行驗證」、「辦理無抵押個人貸款，借款方必須先在保險公司辦理投保開戶，提交五千元押金」等等。

阿富把合約簽好後傳真給對方，接下來，阿富就按合約規定，把五千元轉給對方辦理保險，然後又轉兩萬元作為流動資金讓對方驗證。轉完款後，對方說需要把資料提交到總部進行綜合信用評估，評估後就可以放款了。結果，阿富得到對方的通知是信用度過低，資料提交不上去，對方問阿富是否申請過銀聯卡沒有使用，且沒有去銀行註銷帳戶，對方說這樣會影響個人信用。

阿富覺得奇怪，對方要阿富找銀行行員問一下怎麼提高個人信用度。但對方很快就通知阿富，只要保證自己的個人帳戶裡有五萬元以上的額度，再找找熟人，就可以提高個人信用度。阿富越想越覺得不對，這樣造假弄出來的信用度，貸款公司竟敢批這個錢給自己，就不怕自己還不了嗎？

阿富說自己沒有辦法存錢進去，對方就說阿富不願意配合需要賠償違約金，賠償完違約金，阿富才能拿回帳戶裡的兩萬五千元，否則一旦逾期，合約就作廢，阿富就一分錢都拿不到。阿富諮詢了律師以後，才知道自己已經上當受騙了。

對於私人貸款機構，大家一定要謹慎又謹慎。當然，即便是對那些正規的貸款機構，你在貸款時，也需要拿著合約諮詢一下律師。不要隨便簽合約，更不要隨便匯錢。現實中，有不少人想從私人貸款機構貸到錢後跑路，不料卻偷雞不成蝕把米，一定要引以為戒。

對於正規的無抵押貸款，優點是無須個人資產抵押，放款時間快，無須複雜的資料。借款人不存在什麼風險。如果是從關係較好的人那裡借來的，也許會省掉利息。缺點是對借貸人的自身條件要求很高，如果是向私人借貸的話，還得綜合考慮對方和你平時的關係，以及你的身家和還款能力，還有平時的為人是否靠得住，是否講信用。如果你的財力、物力很差，即使你為人再怎麼守誠信，也很難說服別人借錢給你。

如果是向銀行貸款的話，銀行會參考你的財力、物力，以及平時的徵信紀錄是否優良。如果你財力、物力很強，但信用卡經常逾期或者手裡的車貸、房貸經常逾期的話，也是很難從銀行貸到款的。銀行無抵押借貸相對於有抵押的借貸利息要稍稍高一些，但跟民間的高利貸比起來，整體還是利息偏低的。

◈ 盡可能別跟「人」借錢

事實上，**我從不鼓勵從親人、朋友、同事、老闆那裡借貸**。我見過太多因為借錢的問題，讓兩個人的關係越來越疏遠，直到最後變成陌生人。

試想一下，若關係不好，你開口借錢，別人根本不會借給你；若關係很好，對方願意借錢給你，但向你收利息，他（她）又難為情，你也會認為他（她）小氣，若不收利息，別人為什麼要拿出錢來平白無故的給你用，而且還要承擔你不還的風險呢？

如果非要向親人、朋友或同事、老闆私人借錢的話，一般得是短時間的急用資金，借款金額又要在對方能力承受範圍內，你還需要特別說明一下還款日期和利息，如果你借用的時間短，利息給的也合理的話，和僅憑你空口一句「我一定會還」相對而言，借錢成功率會高很多。

一定要記住，當別人把錢借給你時，你需要用白紙黑字寫下欠款金額，以及還款時間和利息，若是逾期，需要如何處理等等。最後還要一併簽名，不要認為關係好就沒有必要簽名，關係越好越有必要，這樣做也可以讓對方心中有安全感，並且讓借款的人認為，**你是很認真在看待借錢這件事的**。

我有一個朋友小陳跟我講述他借錢的經歷，我很欣賞他的處理方式。

在他上大學的時候，他跟幾個關係要好的同學想到了一個商機，打算大學畢業後一起把這個商機做起來。畢業後，他身上一毛錢也沒有，且他的父母由於思想保守，也不願意拿錢來支持他，而他也不具備從銀行貸款的條件，所以他就想從自己的親戚那裡借錢。

他的這個專案需要五十萬元的啟動資金。他們總共六個人，每個人需要拿八萬元出來。對於一個剛滿二十二歲的大男孩來說，八萬元的額度並不小。他當時想，如果從某一個人那裡借八萬元，成功率幾乎是零。於是，他就把平時和他走得近的親戚、朋友的名單寫了下來，大約有二十多個人。他從中篩選出了八個人，決定從他們每個人那裡借一萬元。

在想好說辭之後，他便逐個上門拜訪。結果，有四個人答應借款給他，他又從名單上剩下的十幾個人當中篩選出四個，試著從他們那裡借到還差的四萬元。最後，八萬元順利借到手。同時，他跟每個人都寫了借據，註明了還款日期。

可是，他接下來要著手的這個商機，並沒有他預想的那麼順利，遲遲沒有回本，到了還款日期，他被借款給他的人硬催著還款。他告訴自己，不能逃避，不能像很多背負一身債的人那樣狗急跳牆，不能再接著借錢，或拆東牆補西牆。

他挨家拜訪借錢給他的人，告訴他們因為經營不善，目前還沒有開始盈利，但他絕對不會放棄，會堅持把業務做起來，至於欠的錢，一定會還，並且承諾自己會提供給他們終生免費的家用電器維修服務。小陳很擅長修電器，他利用了自己的專長作為給這些債主的額外補償。因為他的勇於面對和擔當，債主們也就沒有再向他催款。

每一次上門幫他們修電器，債主們都說不急著還錢，先慢慢搞業務。後來，小陳的業務慢慢上了軌道，很快便還清了債。現在，他成了大老闆，但對於當初借錢給他的人，他視他們是自己一輩子的恩人，免費維修電器這件事依然是終生有效。

無論是誰，只要願意借錢給我們救急，我們都需要把這個人當成一輩子的恩人，因為**現實中願意把自己的錢拿出來借給你的人，真的是太少了**。

我有一些朋友，跟自己公司老闆的關係特別好，而這些公司老闆大都是我們所說的有錢人。很多人會認為，當某個人身邊有幾個富人朋友存在，這個人肯定是特別幸福的，最起碼可以在自己缺錢時，及時尋求富人朋友的幫助。但事實上，很多有錢人寧願把自己的錢捐出去，也不願意把自己的錢借出去。

照道理說，他們不差錢，為什麼我們向有錢的朋友借錢這麼難呢？

有錢人都喜歡借錢，但卻不喜歡把自己的錢借出去。他們會把自己的錢用來進行各種投資，手裡基本上不會放置大量的閒錢，他們都非常擅長預支。我們會發現他們錢包裡裝滿一排排的信用卡，而且每張信用卡額度都非常高。越是有錢的人，手頭可以運轉的現金越少，因為他們總是在不斷投資，根本沒有什麼閒錢可借給你。

我從不向有錢人借錢，雖然我的有錢人朋友很多。我的做法就是盡量從銀行借貸。接下來，說一下銀行推出的信用貸款。

信用貸款，顧名思義，就是透過借貸人的信譽發放的貸款，無須任何抵押擔保和協力廠商的擔保。但是，需要借款人有一定的信用程度，也就是說，你得在銀行有過借貸和還款紀錄。我在前面提過，越年輕越需要借貸，因為這樣可以為自己累積借貸紀錄。不過，這有一個很重要的前提：**按時還款，不要逾期**。如果你借款紀錄非常多，但是屢次逾期，在這種情況下，你的信用程度還不如沒有任何借貸紀錄的人。

關於信用貸款，常涉及信用卡辦理業務。申請一張信用卡，是非常有必要的。如果你還是一個學生的話，辦理信用卡就沒那麼容易了。當然，還是有很多有頭腦的學生成功辦理了信用卡。

我有一個朋友的妹妹小花，今年二十一歲。我去年見到小花時，她正開著一輛新款金龜車載著我朋友一起去吃下午茶。對於她年紀這麼小就開金龜車，我也沒有多想，畢竟小花的家境很好，爸媽都是生意人，給她買輛金龜車不足為奇。但在聊天過程中，我被這個還在讀大一的小女孩驚嚇到了。

「姊，下個月車貸妳先幫我墊一下吧，我這個月的錢全鋪在貨裡面了。」

「哦，知道了。」

我一臉驚訝：「這輛金龜車是妳自己貸款買的嗎？」

「是啊。去年買的。」

「大學生貸款買車條件複雜嗎？」

「就走正常程序啊，付首付，然後證明我每個月的收入就行了。」

「是妳爸媽墊的首付嗎？」

「肯定不是啊，要是那樣就不是我了，**我高中畢業後就再也沒跟家裡拿過錢了**，我比我姊更加自力更生，大學學費都是我自己賺的。」

「快講講，我太好奇了。」

「這說來話長了。我十六歲時，就辦了張銀行借記卡（按：即簽帳金融卡）。從小到大的壓歲錢，我也攢了一些，大概有兩萬多元，我全部都存進了我的那張借記卡裡。後來，我爸媽給我學費，我也都會先存進那張卡，然後再取出來交給學校，也包括生活費等。所以，我的銀行卡一直都有存、提款紀錄。高中畢業後，也剛好到了可以申請信用卡的年齡。那年暑假，我就隨便找了家公司打工，並要他們開張薪資證明。加上我的銀行存、提款紀錄，很容易就批了三千元的信用額度。為了提高額度，我每個月都會把信用卡額度的錢刷光，但是我**繳款從來不逾期**，所以額度很快調高到六千元。」

「再後來，我自己開了家網路商店，我開店的第一筆創業資金就是我的壓歲錢。剛開始，我經營得很一般，基本上不賺錢，第二年稍微好了一點，每個月能有兩千元左右的收入，而到現在，每個月已有七、八千元的收入了。同時，我的信用卡額度很快調高到兩萬元。因為還款信用很好，去年成功申請到了一筆信用貸款，是一筆五萬元的資金。加上我手裡的一點流動資金，我付了金龜車的首付。而每個月四千多元的貸款，我完全可以自理。」

我朋友驕傲的說：「我妹妹很有經濟頭腦的。」

我說：「是啊，小小年紀，非常棒了。」

其實，關於大學生貸款，銀行也針對不同情況推出了許多大學生貸款業務。只可惜，**好多大學生愛逛淘寶、愛逛商場，卻不愛逛銀行，這樣便流失了很多貸款的機會**。

關於信用貸款，一定要保證自己可以定時還款、不逾期。這樣，隨著每次還款的完成，和自己的徵信分數的增加，額度也會不斷提高。很多人逾期，不是說自己還不了，而是忘記了，這是很可惜的。你可以在手機上設個提醒鬧鈴，或者在家裡、辦公室裡用便利貼提醒自己還款。

說完無抵押貸款，再來說說抵押貸款。抵押貸款的優點：貸款利息低、貸款金額高。缺點：審核嚴格、手續複雜、放款時間慢、需要個人資產抵押。我們要學會充分利用自己所有的條件申請抵押貸款。這裡的條件包含：職業身分（比如，你是公務員、醫生、教師、律師和《財星》五百大企業的員工）、名下資產（比如，有房、有車）。

這個社會上有太多人浪費了自己的貸款優勢，身上沒有一毛錢的債務，整天嘴裡喊著：「什麼時候才能買房、買車啊？」、「什麼時候才能過好日子啊？」，我眼看著好多人，手裡有很好的賺錢題材，卻因為沒有資金而被迫放棄，甚至讓自己的房產擱在那當空氣，也不知道去銀行辦個抵押貸款救個急。我想說說幾年前，關於我爸的一件事。

我爸是交通行業的老員工。他的公司經常跟政府一起合作修路。有一次，他的上司出主意，想找幾個關係好的朋友合夥買一臺機器在工地上做事，這樣每家的收入可以額外增加不少。一臺機器要價一百多萬元，我爸的上司要我爸找四個人一起買，每家大概要出二十萬元。

吃飯時，我爸問我媽：「咱們親戚還有誰家有閒錢啊？可以投資這個機器，穩賺錢的事找外面的人做不划算，造福一下自家親戚多好啊。」

我媽：「是啊，我下午打電話問問看吧。」

我一聽就著急了：「我們自己為什麼不做？」

我爸：「二十萬元啊，我們哪有那麼多現金？」

我：「我們家這房子可以拿去銀行抵押貸款啊。」

我媽：「抵押房子？那我們豈不是連個屬於自己的住處都沒有了。」

我：「既然是穩賺，為什麼不抵押？抵押給銀行，又不是賣給銀行，我們怎麼就沒有地方住了呢？你們都是有穩定工作的人，貸款更容易，為什麼不賭一把呢？」

我爸：「對喔。咱們可以試試啊。」

後來，我爸成功貸到了錢，且每個月的還款額度非常低，完全可以承受，藉此卻創造了另外一筆可觀的收入。現在，最常見的就是房屋抵押貸款。很多人不願意把自己的房子拿出來抵押，就是因為一個很重要的心理：抵押自己的房子就等於失去了自己的房子。在很多老一輩的心中，房子代表著安全、歸屬，如果把自己的房子抵押出去，就好像把房子賣了一樣，就沒有安全感了。但事實上，站在銀行的立場，銀行主要是透過辦理抵押，讓自己貸出去的錢多一份保障，並不是想要貸款人的房子，銀行辦理抵押貸款業務為的是要賺利息。

除了房屋的抵押，還有一些可抵押品，包括有價證券、國債券、各種股票以及貨物的提單、棧單（按：收受客戶寄存貨品時，發給存貨者的收據，作為日後的提貨憑證），或者其他各種證明物品所有權的單據，都可以拿去銀行申請抵押貸款。在實際生活中，我見過非常多的人在貸款這件事上顯得很聰明。一方面提前消費，擁有了自己想要的東西；另一方面，在借貸的同時爭取更低的利息。

我還有個朋友，她有一個專門的通訊錄，裡面的連絡人全都是各家銀行的貸款專員。她會定期打電話他們，詢問有沒有利息低、放款快的業務。她也會定期登錄每家銀行的官方網站，尋找適合自己的貸款專案。朋友約我時，大都習慣去咖啡館、商場，而她總是約我去銀行，為的是可以順便諮詢各種貸款業務、理財業務。

她常說：「我要把銀行這個大金庫當成自己的第二個家，沒事就回去看看。」

我是在強調貸款的重要性，但**並不是鼓勵你去盲目貸款**。在民間，有一些很不正規的貸款機構，只要你露個臉、提供身分證、住家住址、寫個字、按個手印，就可以貸款了。不管你是怎樣的人，甚至是學生都可以貸到很多錢。但是利息高得離譜，你若不能準時還款，有時身家性命都難保，你的父母、親戚均會受到牽連。

我必須說，你一定要遠離這樣的機構，一定要找銀行對自己做一個評估，看看自己目前到底能夠承受多大的貸款金額。你不能在沒有足夠還款能力時，就去借很多錢，隨意花錢；你也不可能每月領三千元的薪水，去銀行貸五十萬元，三年還完。你這樣做，不是在激發自己的潛能，而是在逼自己走上絕路。還有那些拿著貸款去賭博，甚至是二次放貸給另外一個人，自己從中收取利息的做法，都是不可取的。

請你記住，**如果你的心態是賭，就會有輸有贏，機率各占一半。如果是出於激發自己的潛能，那你就百分之百會贏**。聰明的你，應該知道自己該選擇什麼路走下去。

貸款前需注意，若打算貸款，你最少提前三個月開始為申請貸款做準備，銀行和私人的金融公司除了看個人徵信和資產以外，銀行裡的交易紀錄也是重中之重，各個貸款機構主要看銀行交易紀錄裡，每月的結息和每月固定進帳的錢有多少。貸款前三個月，可以在銀行帳戶裡放置一定的資金，在這個時間內，盡量頻繁的多存錢、少提款，把交易紀錄做足。

舉個例子，你想買一輛八十萬元的車，首付三十萬元。你可以利用手裡的三十萬元，先去銀行把銀行交易紀錄做足。比如，至少提前三個月，把二十萬元存入銀行帳戶裡，在這期間，盡量不要動這筆資金（若是覺得利息太低，可以轉存銀行短期的理財產品）。而另外十萬元就放在手上，每隔幾天就去銀行存一點，然後再取出來，要讓取出的金額總是小於存入的錢。把交易紀錄做足，進出帳足夠頻繁，會更有利於貸款機構審批通過你的貸款申請。

怎麼花錢？花在栽培自己的價值上

01 花錢，得是一種變相的投資

花錢，顧名思義就是把口袋的錢支付出去。**在很多有錢人的潛意識裡，花錢就是投資，無論是投資自己，還是投資某個專案。而在大眾的潛意識裡，花錢就是把錢花掉，花一分就少一分。**

◈ 花錢就是投資，是在為自己賺錢

多年前，我也認為花錢和投資是兩碼事，一個是出錢、一個是進錢。在某個晴朗的下午，我的好友蘭蘭找我出去喝茶聊天。蘭蘭向我抱怨起她的媽媽：

「我們家的老佛爺啊，我真是拿她沒辦法。住一起，天天和她為點小事吵；若不住一起，見不著面又會想她。」

「又吵架了？」

「可不是嘛，足足吵了兩天。」

「為什麼吵？說來聽聽。」

「我前兩天買了兩套衣服，被老佛爺看到吊牌。她掐指一算，發現我為此花了一萬多元。於是，她說我鋪張浪費，說我不節儉。我想說，我又沒花她的錢，她憑什麼天天盯著我怎麼花錢。價值觀不一樣，彼此真的很沒有認同感。冰冰，妳改天去給我媽上一課，幫我開導她，既然她的女兒能賺錢，為什麼不能按照自己的意願花錢呢？過兩天，我本想買臺好一點的跑步機，現在，我不知道該怎麼說服她。」

「哈哈！我們彼此彼此。全天下的媽媽都差不多，沒有幾個是想得開的。不過，這也不難理解，她們大都是從那個缺吃少穿的年代中走過來的。她們當中的一些人即便後來生活變好了，依然牢牢抓著節儉的生活信念。」

「那妳說說看，我天天為買東西這種事與她爭吵的次數，快趕上我和老公拌嘴的次數了。我跟老公吵架，老公會哄我。而跟她吵，卻要我去哄她。我真是快委屈死了。」

「妳若想改變她的消費觀，有點難。她那一輩人，特別是她的父母輩，一般都要養好幾個孩子，如果不省吃儉用的話，根本活不下去。妳想，我們現在買一件衣服的錢，都足夠節儉的家庭一個月開銷。」

「按照妳的意思，我和她只有分開住了。」

「妳不用改變她的消費觀，但妳可以讓她明白花錢背後隱藏的真相。」

「真相？什麼真相？」

「妳得讓她明白，花錢其實是一種變相的投資。」

「是啊，我買這種價錢高的衣服，真的是在投資自己。好衣服不僅增加了我的自信，把自己穿得時髦、大氣了，有時會顯得特別好運，訂單都變得更多了。」

「想賺大錢的人，一般都捨得大投資。而商機的大小跟投資多少，往往也是成正比的。雖然不是說投資得越多就賺得越大，但是如果想賺大的肯定投資不會小。這就好比男人抽菸，同樣是菸，有錢人會抽幾十元，甚至一、兩百元一盒的菸，窮人最多抽一、二十元一盒的。窮人或不抽菸的人會想，都是抽菸，幹麼要抽那麼貴的？但有錢人認為，好菸不僅可以少一點對身體造成的傷害，更可以在自己洽談業務時贏得體面，變相的有助於談判成功。」

「男人抽好菸，和女人買價錢高的衣服的道理是一樣的。幾十、幾百元一件的衣服當然也可以穿，為什麼非要買幾千元一件的呢？不是女人刻意追求奢侈的感覺，我們不得不承認，貴的衣服從設計、剪裁和車工上都很精良，這一點是低價衣服不能相比的。價位不同，就是品質的不同，穿在身上，自然也能反射一個女人的品質追求。穿貴的衣服，不僅可以讓一個女人腰桿挺得更直，這也是一種精神洗禮。」

「一旦穿了貴衣服以後，就不想再去挑那些便宜貨穿了。」

「水往低處流，人往高處走。」

「問題是，我跟她講這些，她也不會認同啊！」

「她會認同的，但妳的講話方式需要改變。盡量不要常說『購買』、『消費』這樣的字眼，多說『投資』。」

「怎麼說啊？」

「比如，要買跑步機，妳就說打算投資健康，或者直接說想投資健身房；買衣服時，就說要投資一個業務，或者說想投資夫妻感情；買補品時，可以說打算投資全家人的健康……。」

「這樣說，有什麼實質性的變化嗎？她總喜歡鑽牛角尖，總能證明我花太多錢，她一定會說少花錢也可以投資自信和健康。」

「我要妳用『投資』這個詞，是想讓妳媽媽更容易接受一些，很多和她一樣的人在潛意識裡都有這樣的觀念：如果是『投資』，錢還可以回來；如果是『購買』，錢就徹底花出去了。其實，投資也好，花錢也罷，自己荷包的錢都是跑到別人的口袋裡，投資也是花錢，投資也有風險，只有錢花對了才是一種有效投資。」

「妳說的有道理啊。」

一個月後，蘭蘭打電話給我，激動得不行。她告訴我，用「投資」這詞來代替以往的說法，真的特別有效。她媽媽還是認為她的投資貴，但是不再像以前那樣激烈反對了。她跟我聊了投資跑步機的過程，我聽了之後不禁大笑起來。

（以下是蘭蘭和她媽媽關於買跑步機的對話）

「媽，為了以後少買補品和少進醫院，我想投資健康。」

「怎麼投資？」

「我想先投資買臺跑步機。」

「家裡哪有地方放啊！一臺跑步機要花很多錢啊！」

「如果投資一臺好一點的跑步機，不僅耐用，售後也有保證。跑步機的款式最好潮一點，和家具搭配一點。買一臺等級好一點約八千元左右的跑步機，按五年壽命計算，每天才一百多元。更重要的是家裡面的人都可以用。且現在外面洗一次桑拿（又稱三溫暖）都要一、兩百元了，更別說買保健食品。每天在跑步機上健身，把沒有必要的開銷都省了。」

「嗯，那就投資一臺吧。」

（以下是蘭蘭和她媽媽關於買高價位衣服和高價位包包的對話）

「媽，我現在有個業務，需要先投資自己，才能更容易做好這個業務。」

「怎麼投資自己？」

「我得去買一套香奈兒的新款彩妝，和一套卓雅（按：JORYA，為大陸服飾品牌）專櫃的新款衣服，還有包包。」

「那要多少錢啊？」

「加起來將近一萬元吧。」

「為什麼非要買那麼貴的東西才叫投資自己呢？妳不是已經有很多衣服了嗎？」

「媽！女人永遠不嫌衣服多。穿上新衣服，整個人身心都愉快了。您想想，我的這個客戶屬於高端客戶，我代表整個公司跟他談，如果我也穿得高端，他會瞬間對我們公司的印象有所變好。這會讓我有自信，更能促進業務談判。等到訂單一簽，我能獲得一份可觀的分成，所以，這套衣服是從這客戶身上賺回來的。」

「嗯，這個可以投資。那妳就去買吧。」

後來，蘭蘭在電話裡面對我說：「同樣都是花錢，但用『投資』這個詞，我腦洞瞬間大開，像個談判專家似的。我媽也沒有再挑過我的刺。有效，真的很有效！」

事實上，很多人愛把投資想得很偉大，認為只有手裡面有錢的人才能談投資。我們千萬不要把投資看得遙不可及，我們每天都在進行各種投資。投資公司、股票、美麗、健康、體能、自信、精神等等。這些都是投資。我們吃的每一餐，都是在投資我們的體能和健康；買的每一件衣服都是在投資我們的美麗；買的任何奢侈品或名牌物品，都是在投資我們的自信和精神……。

錢如何花才是花對了？不同的人，標準也是不一樣的。但可以肯定的是，**花對錢就是一種投資，就是在為自己賺錢**。不管是哪種程度的開銷，只要把你的長遠眼光放進去，就會有意想不到的收穫。生活中，每個人每天都需要花錢吃飯，而吃一頓飯的開銷從幾元到幾千元的都有。花幾千元吃一頓飯就一定是浪費嗎？花幾元吃一頓飯就是在虧待自己嗎？

在很多人看來，食物是消耗品，吃飯花大錢就是浪費。但花大錢吃一頓飯也是一種投資，更多時候可以促成一張單的簽約。如果花掉一大筆錢，後續可以贏得大於這筆錢的好處，這等於是在賺錢，等於是投資成功，這錢就是花對了。

每個人都知道病從口入，卻很少有人在意自己平時的飲食。平時靠饅頭、泡麵、剩菜剩飯、醬菜過日子的人，只有在去醫院看病買單時像有錢人；平時連買一隻母雞回家燉湯都捨不得的人，在生病時非進口藥不吃，瞬間成了十足的土豪。平時不想著投資，想投資時可能已經無效了。

難道是因為這些人的數學很差嗎？像我這種數學成績經常不及格的人，都知道這樣花錢是相當不划算的。說到底，這是沒有長遠的投資眼光。我們都認可做人要有長遠眼光，但很多人一生都停留在嘴上說說而已。

窮人，或者有錢人，都離不開對食物的開銷。**如果一個有錢人不懂得在食物上面投資，那麼將來過得可能還不如一個窮人**，不是將積蓄都給了醫院，就是還沒有享受到自己創造出來的財富，就早早告別了這個世界。如果一個窮人不懂得在食物上面投資，將來的生活只會更加拮据。我身邊有太多這樣的例子，包括我的外婆。

二〇一一年，我外婆被檢查出患了直腸癌。她將存了大半輩子的錢領了出來，甚至把房子也給賣了，然後用這些錢去治病。很顯然，她年輕時並沒有想過日常花錢就是投資這樣的事情。在她年輕時，吃不飽飯是正常現象，而且油水不多，吃的盡是一些醃製的酸菜啥的。為了省錢養家，她會把家裡母雞生的土雞蛋拿出去賣，吃飯似乎永遠是一件可以將就的事情。

後來，她的兒女都成了家，生活條件也日趨好轉，但在缺乏養生知識的前提下，她並不知道如何吃才是好的，吃飯依然是一件可以將就的事情。當晚輩們送她營養品時，她還會囑咐一句：「以後不要再浪費了。」結果，等到她得了直腸癌這種病，竟然只是認為自己運氣不好。

說實話，生活中和我外婆思想相似的人太多了。你跟這些人講投資什麼品項，他們能理解。但如果告訴他們投資健康、投資魅力……他們會覺得你是在開玩笑。在這裡還要特別點出這麼一類人，他們認為自己不缺錢，天天大魚大肉的吃，導致營養過剩，加上不愛運動，毒素在體內日積月累，最後終於病倒了。

若這些人將吃飯也當成一種投資的話，我相信他們不會這麼吃的。在他們的潛意識裡，花錢吃飯就只是日常開銷的基本項，談不上投資。對我來說，什麼滿漢全席，以及千年靈芝、萬年人參啥的，我根本毫無興趣。我更重視每餐營養的搭配。我常提醒自己的**吃飯原則就是「簡單卻不將就」**。

有一次，我的一個老同學來看我。我從超市買了三樣有機蔬菜：西蘭花（按：又稱青花菜、綠花椰）、上海青（按：又稱青江菜）和胡蘿蔔，外加一條魚和一點豬肉。另外，我又買了三樣水果：蘋果、哈密瓜和柳丁。外加一些零食：開心果、松子和夏威夷果。最後，我買了兩瓶天然礦泉水。我一共花了三百多元。買好食材後，我就回家做飯招待她。看著一桌子的美食，她很驚訝。

「這花了妳不少錢吧！」

「三百多元吧。」

「其實，妳不用這樣招待我的，我們出去吃個重慶火鍋也就一百元左右，味道好，又不用這麼麻煩。如今在家做飯往往不如上館子划算，吃飯的人要是多點還好，人少了就真的很不划算了。妳下次可別這麼招待我了，帶我出去吃就行。」

「即使妳不來，我自己也會這樣做給自己吃的，頂多是少兩個菜，也便宜不到哪去的。」

「啊？那多麼浪費啊！如果選擇出去吃個便當，十幾元就搞定了，妳這又是蒸魚、煲湯、煮飯、炒菜的，再加上瓦斯費和妳自己料理的時間，這也太浪費了。看來妳真是有錢人，不怕麻煩。像我這樣的窮人，在外面吃一頓飯二十元已經算是很講究的了。」

「那妳可錯了。這個帳，我可比妳會算。我現在在食材上面多開銷一點、多麻煩一點，以後就可以從醫院那裡多賺回來一點。」

「什麼？從醫院那裡多賺回來一點？」

「對啊。**如果現在不注重養生，我們賺的所有的錢都是為醫院賺的**。到時候，錢花在醫院，搞不好連生命也得留下。」

「原來妳說的是生病這個事啊。那麼遙遠的事以後再說好了，生老病死是每個人都需要經歷的，我還是過得痛快一天是一天吧。」

「我可以老死，但我絕對不允許自己病死。人和植物一樣，少了營養就會生病，也會加快死亡的到來。」

「現在的人哪裡還缺營養啊，個個都營養過剩，妳看看外面那麼多胖子就知道了。」

「**那是熱量過剩，不是營養過剩**。去肯德基裡吃一份全家餐，幾十元不到夠好幾個人吃飽，但妳告訴我營養在哪？有蔬菜水果的營養嗎？兩元可以買五個饅頭，也能吃飽，營養又在哪？吃的全部是碳水化合物而已。妳說的吃便當什麼的，真的是在將就著吃飽而已，至於是否乾淨、食材是否新鮮、吃多了是否傷身體……這些可能存在的問題，我不允許發生在我的身上。」

「可是在外面吃很省錢啊。妳這樣吃法太浪費，沒有幾個人能承受得了。」

「如果花大錢看病都承受得起，花小錢吃個飯為啥承受不起？」

「妳算是讓我長見識了！」

「妳慢慢就會明白。像我這樣吃，不但不是在花錢，而是在賺錢。」

不只是在吃的方面，無論是哪方面的花費，在很多人的觀念中，幾乎都理所當然的認為花一分就少一分，能省一分就多一分。然而，在有錢人眼中，花錢也是賺錢，現在花了很多，不代表以後就變窮了。二〇一一年，我的好友吳麗在她結婚的前一天晚上，打電話給我，向我發牢騷。

「這婚不能結了，三觀不同步，在一起會好累。」

「又發大小姊脾氣？發生什麼事？馬上就要結婚了，怎麼還說這種話呢？」

「我突然發現人還是不要太有錢，否則子女不可能擁有一個有錢人的腦袋。」

「為何這麼說？」

「他老爸有錢，他是個典型的『富二代』。他竟然跟我算了一筆很幼稚的帳，完全是個沒什麼頭腦的人。」

「妳這話從何說起？」

「他爸爸拿兩百萬元給他結婚用，他買了一輛跑車就花了一百多萬元，剩下八十萬元，我說要買鑽戒，他不願意。他跟我說，錢花一分就少一分，花光了就沒有了，然後他老爸就不會繼續給他錢了。我對他說，錢不是花了就沒有了，我們自己也是要去賺錢的。」

「哦，那可真是很典型的窮人思維。他認為花一分就少一分，而不是今天花一分，明天可以賺兩分。」

「對啊。我真的想像不出來，他竟然是有錢人家的兒子，別人還羨慕我嫁得好。」

「富二代難免會這樣的。一個人在太優越的環境裡長大，未必是一件好事。」

「可是，我現在是要嫁這樣的人耶！我爸媽沒有什麼錢，我現在所創造的財富都是自己努力賺來的，從來沒有依靠過我家人。他完全沒有類似的觀念，我認為自己需要好好考慮一下這樁婚事了。」

吳麗是我大學時認識的朋友，我們當時一起研究過心理學。大三時，她靠貸款在國外開了兩家創意手工藝店。回國後，她一直在淘寶上賣自己創作的手工藝品，二十三歲時，月收入已經超過十萬元。後來，她又投資做珠寶生意，做不到兩年便身價千萬。二十五歲時，她買了屬於自己的房子和車子。

吳麗是我朋友圈裡重點學習的對象。當我們都以為她會很順利的跟那個「富二代」結婚時，吳麗卻退縮了。她認為婚姻需要在思想觀念上門當戶對，「富二代」**雖然家庭環境優越，但是思想一點也不富有**。最後，她果斷放棄了這樁婚事。因為吳麗很清楚的知道，他不是一個真正的有錢人。

02 時間比任何東西都值錢

我在高中時曾買過一件八百多元的衣服，結果被我媽扣上了「敗家子」的帽子。現在回頭想想，那時八百元的衣服，也就相當於現在兩千元左右的衣服吧。當時，我是拿著自己的壓歲錢去買的。我太喜歡那件衣服了，每次從那個櫥窗旁經過時，我都忍不住多看幾眼，最後終於忍不住誘惑，買了回去。自從買了那件衣服之後，在各種開銷上，我就再也沒有縮手縮腳過。

◈ 以為省錢，卻更浪費

也不知道從何時開始，我被自家人冠上了「最會花錢」、「花錢如流水」的頭銜。有時，我聽他們這麼說，我的心會瞬間充滿內疚感，覺得自己可能真的是太亂花錢了。可是我「愛花錢」的舉止，並沒有因為我的內疚和家人的看不慣而停下來，而是越演越烈。當時，我也不知道自己為什麼會變成那樣。

現在，我明白了，「最會花錢」、「花錢如流水」這樣的訊息被反覆提及的頻率太高了，所以就深入我的潛意識，而且在潛意識中非常活躍。因此，我的潛意識會一直命令我不停的花錢。於是，我越花越多，而且花錢的金額越來越大，買的東西越來越高檔。

在不了解潛意識工作原理之前，我也會痛恨自己花錢如流水；懂得潛意識工作原理之後，我不但不責怪自己，而且很感謝自己。只有潛意識認為自己可以賺大錢的人，才不會在遇到自己喜歡的東西時，刻意去節省。對自己喜歡的東西忍住不去購買的人，在遇到自己喜歡的人時也會忍住不去追求。

我那件八百元買的衣服，至今仍然掛在我的衣櫥裡。有一次，一個朋友到我家裡玩，發現了這件衣服，便問我這件衣服在哪兒買的，她也想去買一件。我跟她說，這是一件十三年前的衣服。她不相信。她說：「還是過去的衣服品質好啊，這麼多年過去了，竟然沒有褪色，也沒有變形，就連款式也沒有過時。」

我不只一次聽到有人說現在的衣服不如過去的，總是強調過去的衣服品質非常好。我的奶奶和外婆也經常這麼說，她們說現在的衣服不僅貴，而且品質差，穿一年就很舊了，且洗沒幾次就變形，能穿個幾年不破洞就謝天謝地了。

「妳知道這衣服是多少錢買的嗎？八百元。」

「八百元，還好啊。」

「那時的八百元差不多相當於現在的兩、三千元。妳現在去商店隨便買一件三千元的衣服，品質也是挺好的呀。」

「那倒是，妳真會買啊。那麼早就知道『只買貴的不買對的』啦。」

「社會發展太快，物價飛速增長，而很多老一輩人的消費觀念並沒有緊跟時代的腳步。四十年前，五元可以買一件品質很好的西裝。現在的五元連一件高檔西裝上的一粒扣子都買不到。那時，五元可以做很多事情，就如同現在的三千元一樣。老一輩的人都愛拿過去品質好的幾元的衣服，跟如今上千元的衣服比，表面是在比東西，實際是在比價格，可是價格有可比性嗎？貴的不一定對，但是對的一定不會便宜。」

「是啊，妳十三年前買的八百元的衣服，現在看起來還是很不錯，這就是對的。」

「老一輩人習慣於教育後代要學會節儉，能省就省，賺錢很不容易。誰要是接收了他們的這種教育，他們的教育理念就會活躍在誰的潛意識中，誰就會徹底告別成為有錢人。」

「節儉一點，不是很好嗎？少花點錢，總歸是好的吧。」

「那我問妳，妳一個月買幾次衣服，每件衣服多少錢？」

「我薪水沒妳高，肯定不能跟妳比。我買衣服是不定時的，看見喜歡的就買，但不會刻意追求品牌，一件衣服一般不會超過一千元，一般也就幾百元，甚至還有從網路上買的幾十元一件的。」

「那我問妳，三個月之內，妳會為自己添幾套衣服？」

「這個不一定的，最少三套吧。每次發薪水我都會去買一套衣服犒賞一下自己。」

「按照妳的說法，一套衣服不到一千元，三個月加起來可能也就花費兩千五百元左右，對吧？」

「嗯，兩千五百元肯定是要的。如果是買冬天的衣服，花費可能還會更多一點。」

「老實說，對於買的衣服，妳覺得穿過幾次就沒有剛買時的那種喜歡了？」

「這個啊，也不定。一般洗過兩、三次就沒有什麼形了，有的洗一次就洗壞了。所以，我不會一件衣服穿幾年，頂多一年後就不會再穿了。女人沒有必要在衣服上為自己省錢，每年都有新款，該換就換。」

「但是，妳認為這樣買衣服是省了嗎？自從我有了房貸、車貸，以及有的沒的貸款之後，我不允許自己一個月買一套衣服。但我的衣服，都是幾千元一件的。我現在差不多一**季買一套衣服**，每次花費三千元左右。妳認為妳那幾套加起來兩千五百元，跟我的一套三千元衣服有什麼區別？我的衣服不會變形、有質感、有品牌、有售後服務。穿在身上，比幾百元的衣服提升自信太多，出入任何場所都不顯寒酸。」

「是哦。照妳這麼說來，我沒有省什麼錢不說，還虧了似的。」

「正所謂寧缺勿濫，真正好的又適合自己的東西，是不會過時的。與其買一堆品質不好的衣服，不如只買一件，歷久不衰。而且妳穿一件貴的衣服在身上，妳就是在當個有錢人，別人也會認為妳是有錢人，而當『我是有錢人』這種訊息在妳耳邊，或者心裡面重複多次時，妳想不當有錢人都難。」

「真是一語驚醒夢中人。從現在開始，我不再在買衣服上省錢了。」

「關鍵是，妳根本就沒有省錢啊！」

「對啊……。」

在穿衣服方面，我相信很多女性跟我這個朋友是一樣的。在妳的衣櫃裡，有沒有幾年前買的，現在拿出來仍然沒有起皺、變形的，穿出去依然可以讓自己神采奕奕的衣服？如果沒有，妳就不要再說自己買衣服很省錢了。我的櫥櫃裡擺滿了衣服，但件件精品，都是幾年累積購買的。那些三年前的衣服，現在穿起來依然讓我自信滿滿。

◈ 省來省去，並沒有比別人少花錢

在穿著上省，我還可以理解，在吃上省，我就不理解。那些捨不得吃的人，究竟為自己省了多少錢呢？我記得自己在上學時，每天的伙食費是十元，如果按照正常吃法，早餐一杯豆漿、一顆水煮蛋、一個菜包，和一個肉包，那麼營養就相當豐富了，但是需要花掉三元多。為了把錢省下來買其他的東西，我選擇早上只買一杯豆漿和一個饅頭，總共才一元。有時，還會只吃一個菜包，或者什麼都不吃。現在想想，那時幾乎天天生病、抵抗力差，應該與我不好好吃飯有很大關係。

讀大學時，我為了省零用錢，依然是不好好吃飯。有時，一天就吃一碗麵，或者每餐都是吃麵。你可能出生於偏遠的貧困山區，或者從小家庭環境不太好，為了省下一點生活費，而在吃飯上面拚命苛刻自己。那麼，你該醒醒了，再不醒過來，未來的某一天你會傾家蕩產。

什麼？我誇大其詞？好吧，我算給你聽。不好好吃飯的人，身體長期營養不良、貧血頭暈，各種頑固疾病都會找上你。得了這些病，你認為你需要花多少錢才能治好？得了這些病，條件不好的即使傾家蕩產也治不好。即使治好了，你不是已經虧大了嗎？

我見過更多的，是在裝修房子或購買家具上的「省」。現在各種裝修公司，都會提供很多組合，比如每平方公尺三百八十八元、四百八十八元、五百八十八元，一直到五千元的價格都有。很多人認為，幹麼要裝修那麼貴的，最後差不了太多。

很多人為了省錢，選擇了最便宜的套餐，而在隨後幾年裡，問題連續不斷。比如，下水管很容易堵、很容易裂。而找人來修一次的價格，相當於幾條品質好的管道。又比如，地板磁磚沒多久就鼓起來了，乳膠漆掉得厲害；一用大功率電器，保險絲就會燒掉；吊頂小燈泡用不到一個月就要換新等等。只要找人修，前後的材料費加工錢，比一開始就直接用好的材料會更貴。選擇差一點的裝修，一開始是省了不少錢，可是長遠算下來，一點也沒有省錢。其實有時候花錢也還算是小事，主要是還特別麻煩。

我也做過自認為省錢的傻事。有一次，我想把家裡的沙發換掉。就找好友阿聰一起去家具店逛逛。看了一圈，我選擇了一組一萬元左右的皮質沙發。當我想付款時，被阿聰阻止住了。

「妳上網查一查，和這種類似的沙發，如果從網路上買，至少可以省一半的錢。」

「能省那麼多錢啊？」

「省錢是一回事，還有沙發很快就過時，用個兩、三年就可以換了。」

我想想他說的很有道理，就聽了他的意見，選擇在網路上買。我從來沒有在網路上買過這麼大件的東西，我就請阿聰幫忙。網路上沙發的圖片拍得相當美，產品介紹也是相當誘人。我最後選了一組六千元的真皮沙發。當時我自己就算一算，去掉門市費和代理經銷商的費用等，在網路上買一組六千元的沙發應該相當於在實體店買一萬元左右的沙發。我很開心的付了錢。過了一個月，沙發收到了。看上去確實很不錯，但總是覺得比我之前在實體店裡看的那組沙發要稍微差一點。我看擺在屋子裡也還是挺好看的，也就勉強滿意了。

沙發買回來不到半年時間，我就發現有一個座位明顯凹進去了。最後，我找修理家具的師傅來看，師傅說我這沙發品質不是很好，只是樣子好看而已。

「多少錢買的？」

「六千元。」

「四千元都不值。」

「這個可是真皮的啊。」

「我知道是真皮的，可就是不值六千元。」

我欲哭無淚，心裡如同打翻了五味醋。後來，我又乖乖的在實體店重新買了一組一萬元的沙發。我想著省錢，結果花了更多的錢。從那以後，我更加確信一件事：寧願多花一些錢，也不讓自己後悔。一時多花錢，長遠來看是省錢。

你是不是也曾為如何省錢費盡心思？省來省去，你發現自己並沒有比別人少花錢。當我們遇到合適自己的東西，忍住不花錢，或者該花錢時老想著如何砍價，你這是在強化自己的潛意識中的一條訊息：我不是一個有錢人，我要省錢。

怎麼做才是真正的省錢呢？**賺錢需要花時間，省錢也需要花時間**。一天二十四小時，去掉吃喝拉撒睡的時間，一天只有幾個小時可以真正被利用。你若整天把心思放在如何省錢上，那麼你的賺錢時間又該從哪裡擠出來呢？一個只想著省錢的人，是沒有多餘的時間和精力賺錢的，別再說省錢就是在為自己賺錢這樣的話，那只會牢牢限制住自己的潛能。

如果有人教你如何貨比三家、教你如何挑選性價比高的產品，或者教你如何購買很多名牌的過季打折商品等，如果這樣就是省錢的話，那你將無法認同並做一個有錢人。當你一味的去模仿那些省錢的人如何省錢，你只會離有錢人越來越遠。**在有錢人的潛意識裡，時間比任何東西都值錢**，所以他們買東西向來不會糾結，不會過多考慮，喜歡便買，買了以後也不會再去想這個錢到底花得值不值。

有人會問：「難道不是很多有錢人也很會省錢嗎？」當你發現一個有錢人穿得很樸素，或者吃得很樸素，或者連你住的環境都比不上時，你會天真的認為這個有錢人很省，都那麼有錢了還捨不得花錢。

「在自己不想去花錢的方面不花錢」，和「忍住在自己想花錢的方面花錢」完全是兩種觀念。不想花錢的潛臺詞是「自己不喜歡」，而忍住不花錢的潛臺詞是「自己沒有錢」。長期讓自己忍住不花錢，只會一次次激發自己潛意識裡「我沒有錢，錢花出去就沒有了」這樣的觀念。

03 錢花在刀口上秒變聰明錢

我的富人朋友經常會在微信朋友圈裡，第一時間和我分享他們購買的名牌。

「喂，冰兒，我今天從法國回來，『剁手』買了兩個新款的迪奧包包。」

「冰冰，我現在在香港LV專櫃，快給個意見，買哪款比較好？」

「妹子，我準備買車，妳說我是買奧迪Q7，還是寶馬X7？」

「冰美女，我剛買了一款歐米茄（按：OMEGA，瑞士鐘錶製造公司）男錶，秀給妳看一下。」

「冰冰，我在馬爾地夫的LVMH住著，美美噠（按：網路用語，美麗、漂亮的意思），有機會妳一定要來這裡感受一下。」

很多人看見「名牌」兩個字，就會想到奢侈品牌。名牌不一定是奢侈品牌，奢侈品牌肯定是名牌。說實話，購買奢侈品牌已經成為一個有錢人必不可少的消費。在很多有錢人的潛意識裡，都活躍著這樣的訊息：奢侈品牌代表尊貴與榮華，是有錢人身分的象徵。

◈ 買名牌，是為了保持比較強烈的生活欲望

我們聽過的奢侈品牌大都來自國外，幾乎沒有聽說過中國本土有啥自己的奢侈品牌。奢侈品牌的存在是一種文化現象，需要時間的累積，很多奢侈品牌都存在了至少百年之久。中國的企業很少有可以存活這麼久的。現階段，中國雖然沒有多少奢侈品牌，但不缺乏屬於中國的名牌。若能經過時間的考驗，將來一定可以發展成走向世界的奢侈品牌。

凡是名牌的東西，都不會便宜，所以很多窮人看見標籤上的價格便望而卻步。潛意識工作原理告訴我們：**你要先認為自己是有錢人，才會成為有錢人**。買名牌，是認為自己是有錢人的基本動作。

一個品牌之所以成為名牌，不僅是因為高額的材料費、工錢和設計費。包括

之前的我，很多人認為品質再好，材料再高檔名貴的一個包，也不至於幾萬元甚至幾十萬元一個。後來，我跟一些有錢人接觸後才知道，一個名牌包之所以貴，是因為這個包背後的故事，及其品牌承載著的歷史文化。這就好比，一幅有故事且歷史悠久的字畫可以賣出天價一樣。

名牌的東西很少大量生產，基本都是限量發售。名牌的市場主要針對的是有錢人這個群體。對於很多有錢人來說，一個名牌產品價格定低了，他們反而會質疑這個產品夠不夠高檔。所以，抓住有錢人心理的名牌產品生產商，會有意識的抬高產品價格。

有錢到一定程度的人買名牌，很大一部分原因是為了方便，還有省時間，因為名牌產品品質有保證，售後服務更不用操心。還有一部分有錢人買名牌，是為了彰顯自己的品味和身價。有品質的東西是可以隨時提升自信的。他們當中的一些人根本不了解，自己買的產品品牌後面的故事和歷史背景。而你若做不到了解品牌後面的歷史，便不知道這些品牌穿戴在自己身上的真正價值。這時，你跟大眾愛跟風買東西就沒什麼兩樣，也就不能被稱為一個真正的有錢人。

還有一部分人喜歡買仿名牌的東西，他們買的一些A貨（按：中國將仿冒品以擬真程度來分級，A級表示極為相似）的做工，甚至達到和正品分不清楚的程度。經常光顧各種掛名A貨店的人，會嘲笑那些多花幾倍價格買正品的人。他們會說：「走在大街上，誰能看出真假？」

買仿名牌的人，與其說是為了省錢，倒不如說是為了滿足自己的虛榮心，為自己還不是一個真正的有錢人，而尋找一種心理平衡。他們的心理真的平衡了嗎？事實上，根本平衡不了。

真的假不了，假的真不了。你背著一個A貨的包走在大街上，即使可以騙過所有人，也騙不了自己。也就是說，即使別人認為你是有錢人，可是你自己永遠不會認為自己是一個有錢人。你的大腦清楚的知道，買的是一個仿冒品，目前的你根本買不起正品。買仿冒品的這種行為只是在反覆提醒自己，並告訴你的潛意識「我不是一個有錢人」。

買仿貨的人，比從不去買名牌的人更不可能成為有錢人。如何衡量你買的東西是不是名牌？花多少錢買的東西才算得上是名牌？拿女人的包來舉例。對於一般大眾來說，一個價格上千元的包，就被認為是名牌包；對於有點錢的人來說，一個上萬元的包才能算得上是名牌包；對於特別有錢的人，一個十幾萬元甚至幾十萬元的包才能算是名牌包。

我還在上大學時，在國外買了一個包，折合人民幣是三千多元。對於當時的我來說，那個包就是名牌包。每當背上這個包出去逛街時，**我瞬間會有自信起來**。現在想來，其實那個包包，除了做工比較好，樣子非常普通。現在，我可以在國內找到很多價格很低，但做工與之差不多的包包。那個包的品牌並不是很高端的那種，只是因為我買下了一個我認為是名牌的包，所以我有了自信。在我當時的潛意識裡不斷出現這樣的訊息：擁有名牌是有錢人的事。

當買下名牌的那一刻，會產生一種錯覺，那就是「我也買名牌了，我也像個有錢人了」。對於那些從來不購買名牌的人來說，他們會諷刺追捧名牌的人，會挖苦只認名牌的人喜歡炫耀，會認為這是鋪張浪費，是在滿足自己的虛榮心。

一開始，我也認為買名牌是自己的虛榮心在作怪。慢慢的，我發現與其說這是為了滿足虛榮心，不如說是證明自己的能力和品味。只要是人，就都有欲望。欲望的大小，決定了我們選擇如何過好自己的人生，以及如何實現自己的價值。那些名聲在外的有錢人，有幾個人是沒有強烈欲望的？

欲望讓人不滿足現狀，讓人們想過得越來越好。我們都知道，**過度的欲望是**

件壞事，因為會逼迫自己走極端。但保持比較強烈的生活欲望，恰恰是一個有錢人所必備的生活狀態。因為有錢人自身有比較強的欲望，在透過努力讓自己走向某一個人生高度時，或者在創造新的財富時，在需要**向世人證明自己能力**時，名牌物品的消費往往就成為必不可少的行為。

有錢人購買名牌不是為了證明自己有錢，而是向世人也向自己證明自身價值。有句話說得好：推銷產品，不如推銷自己。很多人給自己買名牌，也是想讓與自己有業務關係的人直觀感受到自己的價值，讓對方可以放心與自己合作，有助於快速達成交易。

我的同事張一凡，他是負責華北區業務的銷售經理。他在業績少時，每月薪水加上分紅不到一萬元，他卻貸款買了一輛一百多萬元的路虎（按：Land Rover，荒原路華，是英國的全地形車和運動型多用途車品牌）。他這個行為，讓其他幾個同事很不能理解，幾乎全都認為他的虛榮心超強，連我都曾對他說：「張經理，沒必要這樣打腫臉充胖子吧！」

張一凡：「不充胖子，就永遠成不了胖子。」

還沒等我回話，他緊接著說的一番話讓我不禁嘆服。他說：「虧妳整天還在鑽研潛意識呢，妳應該知道，想成為一個有錢人，就必須學會在行動上做一個有錢人。當我開著有錢人才買得起的名車時，就有一種『我是一個有錢人』的強烈感覺。作為區域經理，開個好車，可以在客戶的潛意識裡啟動『張一凡很厲害』的信念，業務談判時就可以省心省力，不是嗎？」

後來，在公司公布業績和頒發年終獎金時，張一凡以業績第一拿到了我們幾個經理中最高的獎勵。從那以後，我再也沒有去嘲笑過那些家裡什麼都沒有，卻開著價值百萬元汽車的人。

◈男人與女人：名牌跑車與名牌包包

在有錢人圈裡，男人和女人購買名牌的重點是不太一樣的。男人除了買車會挑品牌，在電子產品、手錶、皮帶、菸、酒、打火機，甚至平時簽字用的筆的品牌選擇上，也會有較高的要求。而女人則會側重於衣服、包包、鞋子、化妝品、首飾這些能夠裝扮自己的東西。

大多數有錢的男性會在車和電子產品上追求名牌，但是他們往往不能接受女人在穿戴上追求名牌。有些自稱節儉的男人會和自己的老婆說：「衣服不就蔽體和保暖的作用嗎，幾千元一件跟幾百元一件的效果會有多大的不同嗎？為什麼非要買一件幾千元的呢？」

如果身為女性的妳恰好也聽了自己的老公說了這樣的話，妳可以反問他：「車子不就是代步嗎，幾萬元一輛的車跟幾十萬元，甚至上百萬元一輛的車子相比，代步效果會差很多嗎？為什麼非要買高檔車呢？」沒有不愛車的男人，也沒有不愛衣服的女人，男人買車只會越換越貴，女人買衣服也是一樣。

如果妳傻傻的順從了老公的建議，減少買名牌或者不買名牌，照他要求的那樣「勤儉持家」，那妳的生活就會像「溫水煮青蛙」一樣逐漸改變。慢慢的，妳會不知不覺的對自己的老公失去吸引力，直到有一天老公心繫她人，妳才發現自己原來跟大多數平凡的女人沒有什麼兩樣。不讓妳買名牌的老公卻對著外面那些穿著貴氣、舉手投足散發著濃濃女人味的女人投以欣賞的目光。

妳可以問他：「你怎麼不對外面那些穿戴平凡的女人感興趣？」妳不要相信他的「勤儉持家」理論，妳要堅持做高貴的自己。反過來，女人也一樣，也會經常建議自己的老公不要買那麼貴的車，但妳問問自己：「為什麼會對外面一個開著名車的男人多看一眼呢？」

男人買名牌，可以彰顯自己的地位、財力和品味；女人買名牌，可以增加自信和魅力。女人一定要為自己購買一些名牌貨，尤其是對於很多還未結婚的女性，因為對妳們來說，無論自己有錢與否，都會有一個嫁給有錢人的夢想。

我一直在強調，這個世界上永遠都是物以類聚，人與群分。有錢人總是配有錢人，窮人總是配窮人。妳想找有錢人，首先就要讓自己看起來像個有錢人。而不是天天在淘寶買兩、三百元一件的衣服，或者買一些A貨包包。身為女性的妳，靠妳目前全身上下這副裝備，即使有機會讓妳參加有錢人的聚會，妳能有自信的穿梭在有錢人中間嗎？妳認為妳可以吸引到哪位有錢人的注意？

現在越來越多的人關注風水學。比如住哪裡的房子，家具位置怎麼擺放，卻很少人關注自己身上的風水。穿著得體且高貴大氣就是一個人身上最好的風水。當妳自己全身上下一副名牌裝備，自己也會精神煥發、神采奕奕，這是普通品牌的裝備很難給到的感覺。

妳調整好了身上的風水後，理想的事業和愛情便會隨之而來。人類有著強大的適應環境的能力，這個能力包括：基因的改變、性格的改變、生理的改變、心理的改變……任何時候，都不要小看自己的適應和改變的能力。

當妳從沒有買過名牌，在第一次購買名牌時，心理上多少都會有道檻。跨過這道檻之後，妳會發現在以後的日子裡，除了名牌的東西，妳已經不想再買一些普通貨品。

04 捨不得對自己好，也捨不得愛別人

「人不為己，天誅地滅。」當看到這句話時，你可能會說：「我可不想成為一個自私自利的人。」在你的潛意識裡，那些只想著為自己花錢的人就是自私，為他人花錢的人就是無私。然而，一個連自己都不愛的人，如何懂得真正的愛？如何真正做到愛別人？一個連為自己花錢都捨不得的人，憑什麼談自私還是無私？

◈ 捨得為自己花錢，等於照顧家人

每個人都不是一個獨立的個體，都有屬於自己的生活圈子。都有為自己和他人花錢的時候，這固然是好的。但問題是，你為自己花了多少錢？**一個連自己都不愛的人，根本不懂得如何愛人**。當這條認知訊息深入我的潛意識裡後，只要是能讓我高興的、對我有益的，我一點也不怕花錢。當然，我也會非常大方的在家

人身上花錢。

一個人只有把自己照顧好了，才有能力承擔照顧子女和父母的責任。如何衡量一個人愛不愛自己？最直接的判斷方法，就是看這個人捨不捨得為自己花錢，捨不捨得在自己身上投資。

有的家長對自己的孩子說：「寶貝，我愛你，我一定會好好栽培你，讓你成為有用的人。」於是，自己捨不得吃、捨不得穿，把錢都花在孩子身上。這樣的家長多數是年輕時「壯志未酬」，甚至會把自己未實現的夢想轉嫁給自己的後代，讓後代替自己摸爬滾打。而多數有錢人則會對自己的兒女說：「我希望你可以健康長大、少一些煩惱、多一些快樂。」

我見過這麼一個女人，她的孩子在外地上學，吃住都在學校，每個月回家一次。只有在孩子放假回家時她才會好好做上幾餐飯，其餘時間每頓飯就是稀飯、饅頭配泡菜，幾乎天天如此，後來把身體弄得無比的差。最後，孩子還未長大成人，她自己已經身患重病，早早便讓孩子擔負了照顧自己的責任。

這樣的愛真的有多偉大、有多無私嗎？她說是為了孩子想把錢省下來，倒不如承認自己的懶惰思想根深蒂固。有意思的是，這樣的人在外面最愛說的一句話：

「我為家庭付出了太多、為孩子付出了太多，所以我基本上不會為自己花錢。」

一個人願意把錢全部花在栽培子女方面，大多數都是不懂花錢的藉口。父母永遠是孩子的第一任老師，獅子為了教小獅子捕食獵物的技能，會親自展現這種技能。作為孩子的父母，你想讓自己的孩子從小就有愛閱讀的習慣，首先問你自己有沒有先養成閱讀習慣？你想讓自己的孩子考上明星學校，你在學生時代的成績是否優秀呢？你想讓自己的孩子成為一顆閃耀的新星，你自己是明星嗎？

如果答案都是否定的，你有什麼權利把自己未完成的夢想，強加到孩子身上呢？只是因為你生養了他（她）嗎？如果是這樣，我可以說你這是在以愛的名義欺壓你的孩子嗎？你的不當，就在於侵占了孩子的童年時光和夢想。**你想讓孩子成為什麼樣的人，首先你就要成為自己想成為的人。**

你自己懶惰，就別要求孩子會有多勤快；你自己品味差，就別指望孩子品味會有多高；你拚命花錢去培養自己的孩子，為什麼不先花錢培養自己呢？如果你讓自己成為孩子的偶像，根本就不需要在孩子身上投下過度的期望，孩子自然會效法你進而變得優秀。

你若是不懂得為自己花錢的人，自然也不會真正懂得如何為他人花錢。你確實是把一張張的鈔票都花出去了，但最後卻發現那些錢根本就沒有花在重點上。這就是為什麼很多人認為自己也投資了，結果卻始終不盡人意。

很早以前，我們家的一個鄰居就是如此，嘴裡說著為自己的子女付出，實際上她太懶惰，買幾十元的菜在家煮嫌費勁，拉著自己的孩子在外面吃垃圾食品，一頓花一百多元，還標榜自己捨得為孩子花錢。孩子病的時候，不管三七二十一，就帶孩子去醫院吊點滴。看一次病花掉她一、兩個月的薪水，自己病了甚至連藥都捨不得買，她把這種本可以避免的開銷稱為捨得花錢。

社會的發展需要每個人的消費去推動，同樣，你若不懂得往自己身上投資消費，你個人也不可能得到發展，就不會變得強大，就會停滯不前，就會越活越沒品質。這樣的你，得不到子女的尊重，也得不到另外一半的欣賞。

有人會說：「誰說不花錢就是不進步、不強大的表現？」平常的食衣住行需要花錢，高品質的食衣住行更需要花錢。同樣的，每個人都知道學習讓人進步，難道學習不需要花錢嗎？

對於一部分已經結婚生子的女人來說，自己和老公賺的錢好像除了孩子，誰都別想花一分，包括自己在內。於是，在孩子身上花錢如流水，給孩子吃各種有機蔬菜，以及各種進口營養品，讓孩子全身上下穿著名牌，甚至連一個小小的吃飯飯勺都恨不得花錢從國外代購。自己省吃省喝，每天的穿著看上去像十足的大媽，披頭散髮，經常出入各種打折特賣會，一分錢恨不得掰成兩分錢花。

對於天天看時尚雜誌的女人，總能說出一些當下的流行元素，而對於不給自己花錢的女人，基本上不知道什麼叫做流行元素。對她們而言，賺錢的目的就是為了孩子和老公，自己活生生就是一個黃臉婆。最後，老公出了軌，流著眼淚對老公說：「我一心為這個家，卻把你的心送到了外面。」妳怨恨這個、怨恨那個、怨恨自己嫁錯了人，卻從不怨恨自己不懂得投資自己。

在很多女人的潛意識裡，依然保存著很傳統的觀念：省吃儉用，把錢盡可能的存起來，相夫教子、盡可能把心思放在家庭上面、盡可能為這個家庭多付出一點、盡可能少去關注自己，這才是一個好妻子、好媽媽。所以，這些女人的常見行為：愛逛特價賣場、愛買特價打折的東西、不愛主動請客吃飯、從來不會光顧名牌店、拚命的限制老公的開銷、穿得像大媽、吃得像乞丐。

不僅如此，不少傳統的男性也是這麼認為的。有意思的是，在他們這麼認為的同時，卻強烈感覺到自己的老婆已經沒有任何吸引力，生活也失去了任何激情，每天都是在湊合著過日子，過一天是一天。很多男人在結婚以後，也變得不愛在自己身上花錢，有很大一部分原因是自己的老婆不斷給他們灌輸一種思想：薪水盡可能上交，應當把錢留著給孩子用，再存起來一部分以備不時之需，若是做不到的，就不是好男人、好老公、好爸爸。

一旦上面這種訊息深入到男人的潛意識裡，男人就會開始省吃省喝，基本上不怎麼交際，沒有了所謂的朋友圈，除了菸酒錢和飯錢，所有錢都上交，下班後就宅在家裡無所事事。接著，男人的肚子一天比一天大、腎一天比一天衰，整個人越來越沒有活力，越來越沒有激情。若是在外面看見朋友的老婆精緻又美麗，就會開始各種羨慕、嫉妒、恨。

在如上生活觀中掙扎的男女，往往只要在外面遇到的異性稍微比自己的另一半好一點，就會欣賞得死去活來，思想就會脫離正道，甚至會放棄自己曾尋死覓活才得以組建的家庭。這就是向自己的潛意識傳遞負面訊息而導致的悲劇，正是這種負面的潛意識訊息，讓一個人變得不愛為自己花錢、不愛為自己投資。

◈懂花錢的女人，人生才會更幸福

如何經營好自己的家庭？說一千道一萬，作為女人，首先就要學會大膽的往妳自己身上花錢。妳要把自己潛意識裡的訊息更正過來，把「不為自己花錢就是經營家庭」改成「為自己花錢就是在經營家庭」。女人若不懂得在自己身上花錢，整個婚姻生活將會變得枯燥乏味。

哪個男人不喜歡精緻的女人？不愛千姿百態的女人？不愛優雅時尚的女人？當一個男人可以娶這樣的女人回家，他自己會產生危機感，哪還有心思去外面亂來。所以，女人想要留住愛情、想好好愛一個人，就得先學會愛自己，不要看見好吃的捨不得吃、看見好看的捨不得買。如果妳是一個全職太太，妳每天打扮得花枝招展，妳的老公在外面賺錢也會動力十足。妳不要認為妳少花一分，就是在幫他減少一分負擔。相反的，如果妳能讓對方感覺到為妳花錢值得，他反而會盡力去賺錢。

在自己身上花錢，當然不是要妳開銷無度。如何花錢，是一門學問。我鼓勵妳在自己身上多花錢，不是說以前一個月給自己買一件路邊攤貨，現在一個月買十件路邊攤貨回來。量不在多，要講究質。妳要意識到每一次開銷都是一種投資。

女人為自己投資，指的不僅是投資外表的裝備，還包括內在修養上的投資，比如進行瑜伽課、舞蹈課、烹飪課、手作課、外語課、演講課、經濟課等課程的學習。對於一個全職太太來說，當妳懂得為自己花錢、當妳慢慢變得精緻起來以後，妳不但可以維護好自己的家庭，還可以激發出自己老公賺錢的潛能。

為什麼？因為妳越來越好了，對妳的老公越來越有吸引力了，而妳的開銷變大了，妳的老公想要繼續「留住妳」，他只能逼迫自己更加能幹、更加上進，賺更多的錢。

在一個家庭中，一個女人值多少錢，完全是由自己來決定的。當妳處處節省只捨得給孩子和老公花錢時、當妳那張臉隨著歲月流逝不再精緻時、當妳總是一身村婦裝扮站在老公面前時，妳的老公會很自然的認為他娶了一個廉價貨，自然也就不能激發出他更多潛能去賺錢養家。妳的表現是在無意識間暗示自己的老公：「你不是一個有錢人，你根本沒有賺錢的能力。」同樣的，在妳老公的潛意識裡，他會認為自己一個月兩、三千元的**薪水足夠養妳**，**足夠養這個家**，**用不著再動腦筋去賺錢**。

我有一個朋友小晴，她是一個高級訂做女裝的代理。她家賣的衣服，最便宜的一件都要好幾千元。有一次，小晴把她和一個客戶的聊天紀錄，截圖發在朋友圈裡。為了保護那個客戶的隱私，小晴把他的微信名和頭像都模糊掉了（以下用○○代替小晴的這個客戶）。她把內容發出來時，附上了一句感言：**妳若不懂得為自己消費，妳的老公就會為別人消費**。

微信內容如下：

○○：「錢收到沒？」

小晴：「收到了，謝謝光顧。」

○○：「千萬不要告訴我老婆訂做衣服的事。」

小晴：「當然。您也可以給您老婆訂一件啊。」

○○：「她啊，平時上千元的衣服她都捨不得買，買給她只會惹她生氣，說我亂花錢，說我存了私房錢。」

小晴：「了解。」

這對話太明顯不過了，這個男人是在為外面的女人買衣服。從對話內容得知，這個男人的老婆平時只會給自己買不超過一千元的衣服。如果看這本書的妳是一個女人，這樣的男人有沒有讓妳恨得咬牙切齒？若妳剛好已經結了婚，妳有沒有擔心自己的老公也背著自己，偷偷給外面的女人消費？現在，妳已經在心中想好要審問他了，甚至想請一個私家偵探二十四小時調查他的行蹤了，對嗎？

沒用、沒用、沒用啊！最有效的辦法就是為自己花錢、花錢、花錢！當他感覺養活妳都快喘不過氣了，妳認為他還有心思去招惹外面的女人嗎？妳認為那些愛去招惹外面女人的男人都是花心蘿蔔，而自己的男人肯定不會是嗎？妳還差一點常識。雖然都是人，雖然都是高等動物，但男人和女人的生理構造本來就是不一樣的。妳真以為任何一個和男人發生關係的女人就是男人的真愛嗎？那妳更是大錯特錯。

妳千萬不要怨恨老公花心，不要把責任都推給男人。他有時間思考逾矩的事，完全是妳一手造成的。因為妳不懂得變著新花樣來包裝自己，所以妳的老公會出現審美疲勞，也慢慢失去了賺更多錢的動力。如果妳一成不變，妳的老公忽然之間又變得很有熱情的去賺錢，妳放心，給他動力的一定不是妳和孩子，而是另有其人。

自古以來，女人就是推動經濟發展的要素。俗話說得好，「男人賺錢，女人花」。我再加一句「妳不花，有人幫妳花」。女人心思細膩，對五顏六色的新生事物更是缺少抗體。所以，女人總是喜歡逛街買這、買那的，無論是貴的、便宜的，總是吸引著大部分女人。

現在的女人，結婚之後往往就成了管家，家裡的每筆開銷都需要經過女人「點頭」。男人的一些物品，大都是交給女人來購買。我們總是在各大商場看見女人的身影，而男人的身影卻少之又少。很多女人，沒有意識到在買單方面，自己有絕對的主動權，就是不願意把這樣的主動權用在自己身上。

我認識一個阿姨，她的品味很高，也很愛她的老公。在花錢方面，阿姨很少想到自己，自己穿著廉價的衣服，卻捨得給丈夫買很昂貴的衣服。每天，她都把丈夫打扮得像一個「小開」。結果，阿姨的老公跟另外一個女人好上了，阿姨在痛苦中結束了自己的婚姻。

不要說自己不喜歡花錢、也不要說沒有什麼需要為自己買的、更不要說自己和老公的薪水不高，所以不能像有錢人那樣去消費。女人，不要再認為自己老公不能賺錢了。當妳的開銷遠遠超過他的收入，深愛妳的他，還會繼續坐以待斃嗎？

男人也是一樣，不要只是上交每個月的薪水，結果把自己弄成一個無精打采的人，成天穿梭於公司和家庭兩點一線的行屍走肉。這樣下去，自己沒有任何魅力不說，還失去了賺錢的熱情，自己的另一半也會另尋出路。

男人和女人都一樣，若不學會在自己身上消費、**不學會裝扮自己**、**不去學習提升自己**，**就不能在工作上嶄露頭角**。若我們每天都肯為自己花錢，學會呵護自己，從呵護自己身體的每一個部位開始，學會養生、學會時尚、學會與人交際……每天都朝氣蓬勃、充滿自信，一般的工作也好，洽談業務也罷，不是更容易成功嗎？

跟風的人賺不了大錢

01 誰做得好，對誰而言就是商機

借到了錢，再花對錢，你才可以賺錢。一說到賺錢，必須先有賺錢的路子。關於如何賺錢，有的人會想到進一家好公司，也就是靠打一份好工來賺錢；有的人則會想到靠創業當老闆來賺錢。不少缺乏認知的人會認為，有錢人就是自己當老闆的人，窮人就是給別人打工的人。很多人認為「老闆」這個稱謂是超具含金量的。也就是說，在很多人的觀念裡，只要是能當老闆的人，一定是有錢人。可在現實中，每個月收益扣除員工的薪水，根本剩不了什麼錢的老闆不計其數。

◈商機只能自己找

那麼，到底做什麼最賺錢？我們會在各種報紙雜誌、電視網路，還有一些投資講座上看見寫著「創業商機」的標語。每一個找不到出路又想快速發財的人，都會被「創業商機」這樣的字眼所深深吸引，會認為別人嘴巴裡的商機可以立馬讓自己看見黎明的曙光。

在一些電視劇裡面經常會有這樣的情節：在一個高級的酒會上，一群上流社會的男女個個衣冠楚楚，端著紅酒杯三、五個人聚在一起，談論著所謂的商機。看到時，你會有一絲衝動嗎？你想聽聽他們在講些什麼嗎？

在一些人的潛意識裡，只有上流社會的人才知道商機，只要能聽他們說幾句忠告，就能賺到大錢。為什麼很多人認為自己看不到商機，只有從別人嘴裡才能得知呢？別人嘴裡說出來的商機，是真的商機嗎？難道一個商機對誰都是有效的嗎？商機到底在哪裡？

二〇〇六年年底到二〇〇七年年初，中國股票史上經歷了一波牛市，在那個階段，一個人閉著眼睛選一支股也能賺一點，算是讓買股票的人都嘗到了甜頭，似乎都認為自己發現了大商機，到處宣揚買股票這個商機。就像著名主持人周立波老師說的那樣：「那時候，走在大街上的人，個個都以為自己是股神、股王，連洗腳店的女店員都一邊搓著腳，一邊對客人說自己有『消息』。」

那時，我還在國外，國內的朋友打電話給我，要我買股票，說一定可以賺錢。我沒有買，因為我當時身上連吃飯錢都快沒有了。當時我想，即使有錢，我也不會買，因為我知道這個世界沒有永恆的走高旋律，高潮過後必然會滑向低潮。在我的潛意識裡，讓所有人跟風的事，到底又能有多好呢？

事實證明，對於當時頭腦還很稚嫩的我來說，我的想法是對的。沒多久，整個股票市場就開始了熊市當道的日子，不少人將全部身家換成了股票，最後虧得一乾二淨，少數心理承受能力差的股民甚至因此結束自己的生命。

緊接著，二〇〇八年出現了世界金融危機，中國拿出四兆元救市。當時，銀行加大了信用貸款的額度。貸款總額比二〇〇七年提高了十兆元。而這些錢絕大多數流入了房地產市場，從而開始了各種投機性炒房。二〇〇八年下半年，房價就開始以不可思議的速度暴漲。一線城市（按：中國對城市分級中的最高等級，如北京、上海、廣州、深圳等）每平方公尺一、兩千元的房子，被炒到一萬元甚至幾萬元的程度。一股房地產熱從一線城市開始往二線、三線城市蔓延開來。

那時，大部分人的潛意識裡活躍著「商機就是炒房子」。於是，很多人開始轉行做房地產。有錢的買地皮、蓋樓、賣樓……沒什麼錢的人也拿出所有身家買房子，只等房價漲起來再賣出去。是的，確實有人逮住了時機，鹹魚翻身、一躍成為鑽石王老五。

二〇〇九年，我從國外回國，房地產的熱度有增無減，中國人仍然在不停的蓋樓、買樓。在這些人中，也包含我的媽媽。她說必須再買一間房子，等到房價漲了再賣出去。我的親戚、朋友也都願意把所有資金投在房地產上，好像不去炒房，就會被人說沒有商業頭腦一樣。

就這樣，中國各個城市在短短幾年時間裡，蓋滿了密密麻麻的樓房，而一棟棟的樓房很多都成了「擺設」。到二〇一〇年下半年，國家終於端出了國八條（按：大陸國務院常務會議推出的八條房地產市場調控措施）、限購令等政策，銀行也開始限制對房地產企業的貸款，房價上漲的速度這才慢慢緩和下來。可是很多人到今天依然沒有意識到炒房時代也要過去了。現在，還有很多人在打房地產的算盤；堅持蓋樓，也有很多人仍然堅持買樓，好像永遠在期待又一波的房價大漲。

二〇一一年，我和幾個公司的股東一起出席在山東舉辦的一個會展。期間，我聽見他們幾個人在議論著，上海一棟新大樓馬上要開賣了，地段比較好，打算購入，而且不只買一間，要同時買好幾間。他們幾個甚至商量著團購，說這樣更優惠，等房價漲起來再賣出去，可以從中大賺一筆。

他們想拉著我一起炒房，先不說我有沒有這個資金在上海一次性買幾間房，即使我要買，我也肯定是買來自己住的。我當時笑著說了一句話惹得幾個股東有點不開心，我說：「三十年河東，三十年河西。倒賣房子的時代已經過去了。」

忠言逆耳，事實上，我是說對了。二〇一一年，那幾個股東們團購的上海樓房，開賣時每平方公尺兩萬八千元，五年過去了，房價依然沒有漲起來，甚至那個樓房的幾個買主將自己的房子放在二手房市場，以每平方公尺兩萬七千元的價格出售。我在想：「那幾個股東此時此刻會是什麼心情呢？」我之前曾看到過一份資料，截至二〇一六年，中國人口十三億，但在中國國土上蓋的房子足足可以供四十億人居住。這是什麼概念？你還認為炒房是當下的商機嗎？

網路購物雖然產生於二十世紀，但在中國真正興起是二〇〇七年前後。那時，人們漸漸不再頻繁的出入各種實體店購買東西，漸漸把目光投向了網際網路。網購平臺最有代表性的當屬淘寶。剛開始，淘寶網在各個方面還不夠完善，所以無論是買還是賣，都沒有太多的限制條件。

我還記得，剛開始，在淘寶上開店是免費的。我為了賺生活費，曾在淘寶上面當過賣家。當時我人在國外，年紀又小，對於如何在網路上做生意真的是一竅不通，也不懂得利用自己的優勢做國外代購，只想著避免自己進貨，這樣可以免去囤貨的風險。於是，我就把當時一個皇冠賣家（按：皇冠是淘寶網站信譽等級，賣家好評的交易超過一萬筆，被稱為皇冠賣家）的店鋪原封不動的給「抄襲」了過來。這樣的話，我就不需要有庫存，有人買東西的話，我就直接聯繫那個店鋪的賣家，我跟那個賣家之間訂了一個協議價，我可以從中賺取一點差價。

我不知道二〇〇七年在淘寶做生意的人是不是都賺錢了，只知道那時淘寶賣家沒有現在這麼多，競爭相對來說也沒有那麼激烈，但凡我知道的人，都賺錢了。那時，我做不到一個月的時間，就賺了三千多元。因為要天天對著電腦，我覺得太傷眼睛，結果堅持不到兩個月就放棄了。我在想，如果我堅持了下來，累積到現在，應該也算是一個大賣家了吧。我現在再去翻看我當時合作的那個賣家，她店鋪的粉絲已經累積到一百多萬，年收入也早已經破百萬元了。

現在越來越多的人不再願意投資實體店，而進駐網路商店，即使投資了實體店，也是實體和網路上同步經營。各種給人製造便利的交易方式層出不窮，也讓每個人變得越來越懶了。所以，對於大多數人來說，特別是年輕人，能在網路上買到的，就不想去實體店買。還有最重要的一點是，從網路上買比較省錢。

隨著網路交易量的日增，不斷湧出新的網路購物商城，而老牌購物網也開始實施收費政策。於是越來越多的人發現，在網路上投資其實不比在實體店投資省錢，光打廣告的費用，每天都要花費成千上萬元。我聽一個開網路商店的朋友講，她每年在購物網做廣告的費用都有一百多萬元。現在打廣告了竟然也沒有以前不用打廣告時賺錢，因為賣家太多了、競爭太激烈了，一年比一年難做。聽了她的說法，我內心產生了一個疑問：難道網路交易的時代也快結束了嗎？

隨著網路購物的快速興起，帶動了許多行業的發展。最具代表性的就是快遞行業。我們耳熟能詳的幾家快遞公司：順豐、申通、圓通、中通，再到一些不常聽說的快遞公司：全峰、全一、大億等等。同網路購物商城一樣，一直有一些新的快遞公司不斷出現在人們的視野中。

我有一個表姊夫就是做快遞的，他在公司裡面主要負責取件和送件。我聽表姊夫說，現在做快遞最賺錢，如果要投資，一定要投資快遞公司，這是當下的商機。電子商務沒有結束，近期也不可能結束，但是與電子商務相關的商機已經悄然發生了變化，比如，由原來在淘寶開店，變為開物流公司。

當下，賣什麼東西最賺錢？我們拿電子產品舉例。人們在購買電腦和手機時，會不自覺的想到「蘋果」這個品牌。無論是蘋果電腦還是蘋果手機，價格比國內其他電子產品都要高出許多。但走在街上，我們總會看見有人拿著蘋果手機；去咖啡店或者書店，會看見很多人使用蘋果電腦。現在，iPad也逐漸走入各個家庭，成為小孩看卡通、玩遊戲必備的工具。除此之外，滿街都是在賣蘋果手機，許多網站都是做蘋果手機代購，專門為蘋果手機服務的那些小商家，也不斷生產著蘋果手機螢幕保護貼和手機外殼，好像在這些賣電子產品的商家中，如果不與蘋果產品相關就賺不到錢一樣。

再來說說吃的。自從我的口味變清淡後，就比較愛吃福建菜。在福建以外的地方，你想吃到福建小吃，那你就去沙縣小吃（按：起源於中國福建省三明市的沙縣，為具有沙縣當地特色的一系列小吃的總稱）。我住的社區附近就有一家沙縣小吃。平時，我若實在不想做飯了，就去這家沙縣小吃店。如果在吃飯時間去吃，往往是沒有座位的，可見生意是不錯的。有時候，我出差在外，一旦想不到該吃什麼時，我就會格外留意附近是否有沙縣小吃。然後，我也會不自覺的去比較每家沙縣小吃的味道，是否有什麼不一樣的。

有一次，我去圖書城，發現附近有一家沙縣小吃的生意特別好，我便刻意排隊去試吃了一下。這家做的飯菜味道和其他地方的沙縣小吃比起來，似乎也沒什麼不同。過了一個月，我又去圖書城，突然發現附近又多了兩家沙縣小吃店。原先的那家，已沒有人在排隊吃飯。於是，我就問店老闆：

「附近這兩家是你們的分店嗎？」

「不是，他們是看我們生意好，專門跑到附近開的。」

「加盟店不是都有區域保護嗎？怎麼可以允許一地開三家加盟店呢？」

「他們兩家是假冒的，妳去吃一次就知道了。我們是加盟店，價格都是統一的，進貨也很正規。他們是偷學來的，價格自己隨便定，同樣的東西，總是比我們這邊便宜一、兩元，於是有好多人都跑他們那邊吃飯，真是氣死人了，這是典型的跑到我們門口搶生意。」

毫無疑問，中國人的模仿（山寨）能力超強。有一次，我看見一家叫麥肯基的速食店，一看就知道是肯德基和麥當勞兩個牌子的組合。當時我就笑了。我還知道臺灣有個比較出名的奶茶店叫做「貢茶」，因為這個品牌的奶茶在國內熱賣，於是一家接著一家開，後來從朋友那裡得知，很多「貢茶」店不是加盟店，她要我仔細看杯子上面的商標。我發現，確實不太一樣，這樣做的好處是：

①不需要交加盟費。

②糊弄了一批臺灣「貢茶」的粉絲。

③雖然也是叫「貢茶」，但是從法律上講也不算侵權。

當你發現了所謂的「商機」，就難免會有人去爭搶。賺錢的項目大家都想著分一杯羹，但一旦惡性循環下來，所謂的「商機」也就不再是真正的商機了，因為根本不能靠這樣的「商機」賺大錢，最後不虧本就已經謝天謝地了。

◈在自己擅長的領域創新才能賺錢

我們知道，全世界人都在推崇猶太人的賺錢頭腦，以及他們賺錢的方式。其中，有一個很經典的關於賺錢的故事，講的是猶太人和中國人賺錢思路的區別：一個猶太人開加油站賺了錢，第二個猶太人在加油站旁邊開飯店，第三個猶太人開超市；中國人不是這樣，若一個中國人發現第一個開加油站的賺到了錢，第二個中國人馬上去開加油站，第三個中國人也開加油站，最後一起死掉了。

用這個故事來諷刺中國人做生意愛跟風和缺乏創新精神，我不完全贊成。眾所周知，中國的人口占全球的五分之一，雖說領土遼闊，但依然只是發展中國家，一線城市目前還是只有那麼幾個，人們一窩蜂的想擠進某個「商機」中去分一杯羹，太正常了。

很多人認為，在一個行業能勝出的人多少得靠自身的財力。殊不知，在同一個行業中，如果產品品質和售後服務都在同一起跑線的情況下，最後能贏的人都是堅持不斷創新的人。誰要是率先實現了創新，剩下的同行多半就只能跟風了。試問：蘋果公司若不依靠與時俱進、不斷創新，能穩穩的站在市場最頂端嗎？

「三百六十行，行行出狀元。」這句話我們都聽過，但真正懂的沒幾個。你若真能讀懂這句話，就會發現，當下根本沒有所謂的某個，或者某幾個行業能保證人們一定可以賺大錢。也就是說，這個世界上根本沒有放在人們眼前的商機。

再冷門的行業，也有把它經營得很好的人；再熱門的行業，也有虧到底的人。古今中外，**誰能做得好，對誰來說就是商機**。

你認為的商機，在別人那裡不一定有效。這就好比你尋找減肥的方法，有些人認為，只要嚴格按照熱量表來吃就能瘦；有些人則認為不管吃什麼，每頓飯吃七分飽就能瘦；有些人則認為只要有運動鍛鍊身體，吃再多也會瘦。歸根究柢，每個人擁有的信念是不一樣的，只有按照自己真正相信的方法操作，才能慢慢接近自己預期的結果。

請你不要再說：「我先考察一下市場，看看商機在哪？」當你在說這句話時，就註定了你是一個跟風的人了。也許，將來的你不會太失敗，但肯定不會很成功。**你應該問自己的內心：「我熱愛什麼？」、「我真正擅長什麼？」、「在我擅長的領域裡，哪種方式、方法才是有效的？」**

「擅長」這個詞特別重要。在這個世界上，大多數人都做著自己不太擅長的工作。為什麼？因為太多人不夠了解自己。在找工作或者創業時，很多人就只是單純的看一眼廣告紙上寫的每個月能賺多少錢，還有就是自己應徵的這個職位說出去夠不夠有面子。你懷著這樣的心態，怎麼可能成為有錢人呢？

我有一個做裝修的朋友——小豐。他做的水電和木工都是精裝修的那種標準。但在他的潛意識裡，認為做管理的永遠比做技術的更有可能成為有錢人。所以，他一直都在做現場監工的工作，因為這樣可以監管每個幹技術活的師傅，自然也就成了一種管理者。但事實上，小豐一點也不擅長管理。

管理者需要懂點心理學，這樣在管理別人時，可以及時捕捉對方的心理活動，把話說到對方心裡去，讓對方安心在自己手下工作。小豐屬於心善、個性直接的人，沒有什麼心機，通常想到什麼就直接說出來，經常搞得他下面的人不開心，往往在出現問題時溝通不順暢，導致問題無法順利解決。

他這樣的人，並不太適合做管理者。雖然小豐做著管理層的事，每天也兢兢業業的，但就是拿不到很高的薪水。後來，我幫小豐指出了問題，我讓小豐重新審視自己，看看自己究竟擅長做什麼。在小豐的潛意識裡，工地幹活的都是下等人或窮人。我告訴他，職業不分貴賤，能創造屬於自己的品牌和口碑，走到哪裡都不會讓人看不起，而他的品牌就是扎實的技術。沒過多久，小豐又做回了水電工和木工。他現在創造的價值是以前的幾倍，月收入也在不斷增加。

02 堅信自己是，或即將成為一個有錢人

「若心中有佛，佛就會時刻伴隨左右。」這句話，我常常這麼去理解：只要你足夠相信那些活躍在自己心裡的正面信念，總會有機會實現你想實現的。這個信念可以是佛，也可以是你成為有錢人的想法。

◈「自信心」的價值比你想得高

某一個初夏，一個個頭不高的五歲小女孩，瞪著一對水靈的眸子，隔著落地玻璃窗，目不轉睛的看著店鋪裡五顏六色的棒棒糖，小嘴吸吮著自己的半截食指，好像是在吸吮店鋪裡的棒棒糖。小女孩在心裡面對自己說：「長大後，我一定要買很多棒棒糖，一天換一個口味吃。」以後，她每次路過那家店鋪，都會站在那裡許久，不願意離開。

女孩滿十五歲那年，她又看見一個櫥窗裡展示著一件很漂亮的裙子，走近吊牌一看，定價八百多元。女孩對自己說：「以後，我一定要將它買下來，穿在自己的身上。」

十九歲，在福州機場，女孩看見一個成熟女人，從一輛紅色的大眾金龜車裡走下來。當時，女孩問自己：「過幾年，我應該也可以開一輛金龜車吧？」女孩的男友讀出了女孩的心思，對女孩說：「別看了，這車不便宜，我們是肯定買不起的。」女孩不服氣的說：「我將來肯定可以買得起。」

就這樣，女孩堅定自己的信念，一件一件的完成了當時許過的小心願。也許，在很多有錢人看來，這些事微不足道，但恰恰是透過這樣一次次的相信自己，一次次的完成願望，讓女孩在心中更加肯定：只要是自己心中所想，便能成真，對此毫不懷疑。這就好像很多人信佛，認為佛祖時刻在保佑自己一樣，靠的都是信念或信仰。

是的，我就是這個女孩。有一次，我爸載著我去4S店（按：結合汽車銷售〔Sale〕、零配件〔Sparepart〕、售後服務〔Service〕以及訊息回饋〔Survey〕這四項服務的銷售店）做汽車保養。期間，我跟爸爸逛了旁邊的寶馬4S店，我爸在展示廳裡面的一輛寶馬X5旁邊踟躕了好久。店裡的銷售人員隨口諮詢我們是否願意試駕一下。我爸對我說：「還是別試駕了，這麼貴的車，又買不起。」當時，我也是默認，因為我也沒有想過買這麼貴的車。

後來，我會不自覺的留意馬路上的寶馬X5，還會透過車窗看一眼駕駛它的人。不經意間，那竟成了我的一種習慣。我突然意識到，現在和我五歲那年看店鋪裡的糖果不正是一樣的心情嗎？為什麼當時相信自己以後可以擁有糖果，現在卻不相信自己可以擁有一輛寶馬X5呢？我發現自己犯了一個很大的錯誤，那就是我被我爸缺乏自信這點給影響。後來我終於明白了，重要的不是櫥窗後面我想擁有的東西，而是相信自己一定可以擁有的那種信念。

人們往往喜歡透過購買來證明自己的能力，這並不僅是想炫耀給誰看。我相信很多人都有這麼一種感覺：當自己好不容易購買到了一樣心儀的東西，快樂的感覺只是很短暫的停留一會便溜走了。相反，在沒有得到該東西之前，期待感和快樂感會更濃烈、更長久。

現在，當我遇到自己喜歡的東西時，我會對自己說：「用不了多久，我就可以賺大錢把它買下來。」有時，我帶著我媽逛商場，她看見很名貴的店鋪甚至都不會靠近。我知道她是很想走進去看看的，甚至想買點什麼。我總是拉著我媽進去、鼓勵她大膽的試，我來出錢，卻總是被她頑強拒絕。她總是說：「等妳年薪過百萬元時，再買給我。」

我媽從小到大沒有鋪張浪費過，在她心裡，穿名牌是件太奢侈的事，完全是在浪費。這麼多年下來，在我媽的潛意識裡，她認為自己配不上這些名牌，因為她自己不是一個可以賺大錢的人。

很早以前，我和我媽一樣，一看見這種奢侈品店鋪也會站得遠遠的。而現在的我，若看見櫥窗裡的新款衣服是我喜歡的，我就會昂首挺胸的走進去試試，或者買下來。因為我清楚的知道，一旦我懷疑自己，我的潛意識中就會活躍著「我穿不起」這樣的念頭，「我要成為有錢人」這樣的念頭就會被壓抑住，我的潛意識就不會激發出讓我變得有錢的能量。

如果櫥窗裡的東西，你很喜歡、也很想要得到，你是否會在心裡面質疑自己的購買力，或者質疑自己的賺錢能力呢？當你無數次壓抑住自己的欲望，將會讓類似「我一定要做個有錢人」這樣的信念只是停留在表層意識裡，你的潛意識也根本沒有辦法接收。毫無疑問，長久下來，你是不可能成為有錢人的。

◈ 有錢人的信念

為了成為有錢人，你需要具備什麼樣的信念？我們可以從信仰這個點說起。無論是在國內外的教堂裡，還是寺廟裡，我們總能看見中國人進出的身影。可是，為什麼很多人都說中國人缺少信仰呢？

真正的信仰，不是挑個黃道吉日，擠進一個煙薰火燎的地方狂捐一大筆錢，或狂磕幾個響頭以示虔誠。真正的信仰，是無論在何時何地，你都心繫自己所信奉的神靈；無論在何時何地，你都會注意自己的一言一行，因為你會覺得自己心中的神靈能夠看見你，你不能做違背信仰的事，否則就會諸事不順、命運多舛。信仰要你不吃葷，你就絕對不沾葷；信仰要你不害人，你就絕對不行惡。每天都會用真誠在心中供奉信仰，向信仰懺悔、向它許願，向它訴說感謝的話語……。

很多中國人沒有信仰，是因為總是帶著某種目的去敬奉信仰。那些手持香火，對著佛祖跪地磕頭的人，心裡想的都是「希望佛祖保佑我老婆生個兒子」、「希望佛祖保佑我今年財源滾滾」、「希望佛祖保佑我家人不再遭受病痛折磨，早日康復」……而且還要特地挑個日子、地點去祈福。

在國外，那些入教的人，無時無刻不在敬奉自己的信仰，我更常聽到的是「感謝我的主，感謝上帝」、「請原諒我的罪行」、「我能感受到您在我身邊」……很少聽到他們說「我的主，請讓我發財吧」、「請讓我變得越來越好吧」……。

有一次，我和我媽一起去武當山。下山時，幾個男人走在我們前面。其中一個五十歲左右的男人，魁梧粗壯，脖子上掛著一串金項鍊、手夾錢包，跟身邊的幾個人說：「剛才我為財神爺送了八百元，財神爺一定要保佑我今年打麻將能不再像去年那樣背啊，一定要讓我贏錢，才能對得起我的八百元啊！」

我當時特別想衝上去告訴他：「大叔，你以為燒香是商業投資嗎？」像他這樣的人，根本就沒有什麼信仰，是在信仰的世界裡湊熱鬧的人。愛去寺院許願的人，基本都是窮人，或者是不怎麼有錢的人。這些人大都是為了發財而進寺廟燒香，然後還覺得自己是一個有信仰的人。最後，佛祖並沒有把他們變成有錢人。

真正有信仰的人，會在自己家裡進行供奉，偶爾會去寺廟或者教堂；而對於真正的有錢人來說，他們會捐錢給寺院或教堂，但是嘴裡卻不會念念有詞求回報。真正有信仰的人，會非常尊敬自己心中的信仰，他們都是想著回報自己心中的信仰，而不是一味的訴說自己的願望，試圖從信仰裡直接索取回報。

對於很多不了解潛意識原理的朋友來說，誠心加入一個宗教，確實可以幫助自己向潛意識裡傳遞好的信念，以實現心想事成。美國有一個心理學家，曾試圖把潛意識也列為一種宗教。也就是說，我們每個人都有屬於自己的宗教。因此，我們不必計較宗教的類別，只需要在意所信仰的內容。

我們每個人都需要信仰，一種相信自己特別有能力的信仰，也可以說是信念。至於你的能力可以具體強到哪一步，這也不是他人可以決定的，完全是由你自己決定。那麼，有錢人的共同信念是什麼？

「**無論何時何地，無論發生什麼情況，我都堅信自己是或即將成為一個有錢人，且毫不懷疑。**」這就是有錢人的共同信念。這就好像我每次看見櫥窗裡的東西，我都會想「我買得起」，這就是我的信念。同樣的，很多人看見櫥窗裡的東西，會在心裡面對自己說「我買不起」，這也是一種信念。潛意識其實就是由各種信念構成的，各種相關的穩定的信念會形成慣性思維。所以，一個人的慣性思維其實也就是一種信念。

這世界永遠沒有完全的錯與對，與其把時間花在改變自己原有的信仰上面，不如堅持自己原有的信仰，保持自己認為對自己好的行為習慣和信念。關於賺錢，首先需要保持好的信念，不斷給自己打氣，讓自己相信自己就是一個有錢人，再去扮演一個有錢人，做有錢人做的事，然後自然而然就會成為一個真正的有錢人。

03 看似賠錢，實則賺錢

我要寫東西時，特別愛去星巴克。即使我不買他們的產品，也可以在他們的店裡找個位置坐下來、插上電源、打開電腦。這時，有些暖心的服務生會給我端上一杯溫水，和一份免費品嘗的糕點。

◈ 免費，靠什麼賺錢？

眾所周知，星巴克的飲品定價比市場上同類產品都要高。星巴克的消費人群主要對準的是上班族，但是去星巴克消費的學生也不少。我發現，很多學生會在星巴克裡上網路視訊課程，還有一些會整理上課筆記。在星巴克，只要不帶外食進去，或者干擾到其他顧客，每個人都有權利找個位置坐下來，做自己的事情。

國內大部分咖啡店是什麼情況呢？我剛走到門口，甚至人還沒有進去，就會聽到一句：「您好，請到櫃臺點餐。」或者，我剛找了個座位坐下來，服務生便拿著點餐單快速走到我面前，面帶微笑：「您好，請問您喝點（吃點）什麼？」好像生怕我來了這裡一分錢不花就會走掉一樣。「帥哥（美女），你不用這麼急著為自己的老闆賺錢吧。」有時，真想回對方這麼一句。

這種情況，機場最常見了。只要我在某一家的門市裡坐了下來，馬上就會有人過來督促消費。桌子上會有個牌子提醒我：不消費禁止入座！

有一次在機場，我拉著行李往登機口走，走到一家餐廳門口時，我接了一通電話，便順手把包包放在了那家餐廳外面的桌椅上。等我打完電話後，一位工作人員拿著點餐的單子往那張桌子上一放，問我想吃什麼。我來機場前已經吃過了，哪還會想吃什麼呢？

在中國，這種催單和強迫性消費隨處可見。很多人沒注意到的是，如此做生意的商家，生意往往做得都很不好；店面裡總是會空著一大片的座位。如此做生意的老闆，催生出如此做生意的員工，在他們心裡面，只考慮自己的利益，只在乎自己能賺多少錢，而不是想著能為顧客帶來什麼服務和體驗。你留不住客人的心，自然就保不住你的店。

在中國，肯德基和麥當勞的生意為什麼這麼興隆，先不說它們的商品是不是就真的那麼好吃。至少我口渴了，可以走進去要他們倒杯水給我；內急了，可以進他們的廁所行個方便，還有免費的紙巾提供；逛商場累了，可以進去坐下來歇一會兒；遇到下雨天，可以坐在裡面躲一下。店裡面有免費的網路，有免費的兒童遊樂場……和星巴克一樣，他們更看重人氣。有些人在路邊擺個小攤，會找一群人襯托、製造人氣。相較之下，這種「不請自來」的人氣不是更好嗎？

人氣對於一家店來說相當重要，即使每個走進店鋪的人不是來消費的，但是會給從外面路過的人造成一種錯覺：這家店人氣這麼旺，這麼多人在裡面，東西肯定很好。於是，人們便會走進去看一看、嘗一嘗。這就是用人氣帶動更多人氣。

很多有遠見的老闆會對自己的員工說：「能走進我們店裡的人都是貴賓，無論他們消費與否，對我們店來說就是一種肯定，他們進來了就是在為我們打廣告。」一些商家提供免費的休息場所和娛樂設施，還有一些商家在自己的產品使用上，也嘗試先免費後收費的做法。特別是對於一個新興的產業或商家來說，若是一上來就向人直接兜售自己的產品，就會顯得異常困難。

在這個世界上，除了特別富有的人，沒有人不愛撿便宜。對於所有愛錢如命的人來說，讓他們自己掏腰包是很難的。當然，也不是完全沒有辦法，對待這樣的人需要先占據他們的心。

在一段時期內推出免費的產品供人們使用，是非常有頭腦的做法。例如，起初在淘寶網開店是沒有任何費用的，累積了一定的賣家後，淘寶網才開始收取「管理費」。還有一些視訊網站，例如愛奇藝，一開始也是不需要收費的。包括微信支付，也是到後來才開始收取提現手續費的。雖然商家或平臺在後來收費時也許會流失一部分客戶，但相對於留下來的客戶，損失的那部分已經不算什麼了。

當一個人習慣用某種網路或手機軟體後，往往不會因為商家收費而不再使用。在很多人的潛意識裡會認為網路世界裡的都是虛擬產品，不像實物產品那樣需要成本。所以，在購買虛擬產品時顯得沒有那麼痛快，甚至有排斥情緒，認為商家白白賺了自己很多錢。

試問：哪個軟體開發不需要團隊？只要是有團隊的地方，就需要大量的資金。再說了，動腦子不是成本嗎？腦力透支並不比體力透支輕鬆，很多人為了開發一個軟體，早早白了頭髮，或者嚴重影響了自己的健康，失眠更是家常便飯。

這些不需要成本嗎？

推出免費產品，主要是為了在這個競爭激烈的市場中，為自己的新產品累積人氣，同時對自己的產品有個預估。這個世界上永遠沒有一個產品的問世可以讓所有人都滿意，即使是免費的東西，也會有人給差評，商家會靠理性分析各種差評來進一步完善自己的產品。

講到實體店，我不得不提二〇一〇年在澳洲看到的一家奶茶店。奶茶店的老闆是一個很年輕的小夥子，生意特別好，每天都可以看到門口排著長龍。在澳洲這麼地廣人稀的地方，排隊上門買東西，是一種很罕見的景象。出於好奇，我也過去排隊，我想感受一下是不是真的有這麼好喝。我抬頭看見上面寫了三種奶茶的口味：巧克力、香草和草莓，但是沒看見價格。

「我要一杯巧克力奶茶。」

「妳的奶茶已經做好了，歡迎下次光臨。」老闆把奶茶遞給我，微笑著對我說。

「多少錢一杯？」我問。

「免費。」老闆說。

「免費？這麼好啊。什麼時候開始的？什麼時候結束？」我很驚訝的問。

「開始已經有半年了，什麼時候結束還沒有確定下來。」

我怕問得太多會耽誤後面排隊的人，便拿著奶茶說了聲「謝謝」就走開了。我有點懷疑，免費的東西會好喝嗎？我嘗了一口，感覺非常絲滑，味道超級讚。下次我再來這家時，肯定不好意思再免費喝了，我不知道別人會不會也有同樣的感覺。

第二天，我又來到這家奶茶店。這次是另外一個華人小夥子在做奶茶。

「我要一杯草莓奶茶，謝謝。」

「妳的奶茶已經做好了，歡迎下次光臨。」小夥子一邊遞給我奶茶，一邊微笑著對我說。

「這樣一杯應該賣多少錢？」

「免費的。」

「我知道，可是我還是想給錢。」我堅定的說。

「那邊有個小箱子，若有客人執意要給的話，可以把錢放在那個小箱子裡。」小夥子指著不遠處的一個箱子說。

「好的，謝謝。」

我走到箱子前，看見箱子上面有個拳頭大小的洞。隱約看見裡面已經裝滿了金額大小不一的澳幣。我嘗了一下奶茶的味道，很濃郁、很香甜。我隨手塞了幾元就離開了。回到學生宿舍後，我跟室友提起那家店。原來，室友早就知道了。

室友：「那家店差不多開了一年，奶茶好喝得沒話說，但生意一直不溫不火的，可能是新店的緣故吧。半年後，突然就開始免費了！」

我：「那他們豈不是虧死了，每天送出去那麼多杯。」

室友：「妳想想，有幾個人會天天去免費喝啊。就像妳一樣，免費喝一次，妳都不好意思了。他們現在的生意比之前好多了。老客戶都會很自覺的給錢，因為想著別人做生意也不容易，新客戶免費品嘗，感覺好喝，下次回去就成老客戶了。」

我：「是喔！今天，我看見那箱子都快被錢裝滿了，這家老闆也太有智慧了吧！肯定是研究過我們老祖宗的東西。」

室友：「我們老祖宗的什麼東西啊？」

我：「《道德經》啊。」

室友：「這關《道德經》什麼事啊？」

我：「《道德經》上說『將欲奪之，必固與之』。」

這種免費贈送的例子，在國內我也見到過。有一段時間，在湖北襄陽的一家菜市場旁邊，我每天都看到一個賣包子的老爺爺，六十歲上下的樣子。他的包子鋪旁邊掛著「純手工包，免費送吃」八個大字。

他家的包子確實是免費送，但每人每天只能領取一個，若誰想多要，就需要給錢了。在我的記憶中，每天都有很多人免費去那邊吃包子，大多數人是吃兩個包子付一個包子的錢，或者買三個包子付兩個包子的錢……總之，包子店的人氣很旺，每天五百個包子都能售空，其實算下來，老爺爺也沒有虧，一個包子很難吃飽，很少有人去那邊只為吃個免費包子。

包子鋪旁邊是一家豆漿店，豆漿價格比別的地方賣得貴。但很多人買了包子之後，還是會順便在旁邊買豆漿喝。後來才知道，那家豆漿店是老爺子的女兒開的，生意非常好。有一次，我在那邊領了一個包子。說實話，吃了以後，我感覺味道不怎麼樣，但我還是給了錢，因為一想到要占一個老人的便宜，心裡就特別過意不去。重要的是，我很欣賞老爺爺這麼大年紀了，還能堅持這番經營之道。

在雲南的一個熱鬧市區，我也見過採用類似經營方法的飲料店。每個人入店之後，只需要填寫一張會員表，領取一張會員卡，就可以在此店免費喝任意飲料，為期一個月，每天只限一次。這家飲料店，生意好極了。店裡的飲料很好喝，環境也特別好。後來聽說，這家店的老闆已經靠這家店在當地買了兩間別墅。

在現今網路上出現了各種「網紅」。當你在羨慕「網紅」吸金時，你有沒有想過這些人背後所付出的辛酸？就拿「美拍」上的各個達人來說，他們在一開始往往也是不太受人關注的。為了吸引人們觀看自己拍攝的影片，他們會針對人們的需求來決定拍什麼影片。比如，拍搞笑的影片，可以幫助人們紓壓；拍學術類的影片，可以滿足人們學習的需求；拍傳授技能的影片，例如穿衣搭配、彩妝課程、保養護膚、美食創作等，可以豐富人們的生活。

在拍攝這些影片時，他們一開始並不是抱著一種「我要成為『網紅』，我要靠此賺錢」的念頭去拍的，只是想到能拍一些對人們有幫助的影片出來，或者只是為了滿足自己拍攝的興趣愛好。當他們拍攝的影片滿足了大眾需要時，自然而然的累積起人氣，成為「美拍達人」。當他們累積到一定粉絲量時，自然而然的就會有商家找他們，借他們的人氣推銷產品。這時，才有了所謂的回報。

如果他們一上來就想著拍東西賺錢，例如每個看他們拍的影片的人都需要交錢，或者為了錢去拍一些沒什麼需求和價值的影片，他們是不可能成為「網紅」的。對他們來說，也是先提供免費產品，之後才慢慢有了金錢的回報。

我認識一個資深育兒師吳老師，她在北京一家育兒培訓機構工作有三年時間了。有一次，我去那個機構找她，得知她已經辭職了。兩年後，我的孩子出生了。我又想到了吳老師，我想找她諮詢一些育兒的知識。後來，我好不容易聯繫到了吳老師。那時，她已經在微信上做起了微課服務。

吳老師家住天津，今年新買了別墅和豪華車，她現在整個人的打扮跟以前相比，判若兩人。她告訴我，從她辭職到現在有兩、三年的時間，自己已經服務了近五十萬名學生，月收入超過十萬元，是她以前薪水的十多倍。現在，她每天都要在微信上至少講五堂課。

做自己喜歡的事，並發展成自己的事業，吳老師一直忙得不亦樂乎。吳老師說，儘管創業初期很艱難，但她並沒有想著立馬在錢上看到回報。她在微信上以及各種網路管道推廣自己的課程，總是強調「學費全免」，靠此吸引了數萬人來學習。

前半年，她堅持在微信上以及在天津的工作室裡免費授課，讓很多人受益良多。半年後，她才開始收取學費。此時，她已經牢牢抓住了每個學員的心，她的錢包越來越鼓。

當一個商家拚命想從我們身上榨取利潤的時候，我們也會拚命想辦法不讓他們得取任何利益。也許有時，這些商家根本沒有取得任何利潤，我們仍然會認為他們賺了我們很多錢。而當一個商家像慈善家一樣一直不斷給予社會，我們嘗到了各種「免費午餐」時，我們良心上又會不安，又會想著讓對方多賺點錢。所以，一些看似免費的商業行為，其實變相是一種有效賺錢的方式。你不能只顧眼前的回報和自身的利益。人心是肉做的，你的不斷付出，只會不斷感化別人。

◈把照料員工當己任，無私者基業長青

同樣的道理，在一個企業中，當老闆的若沒有這種「無私精神」，員工的心就很難齊聚在一起，就會成為一盤散沙。

我有個親戚在一家裝修公司上班，他告訴我，在這個公司上班的人平均不會超過兩個月就跳槽。他說他的老闆接到裝修的單子時，會把大部分的利潤先裝進自己的口袋，只留下很小部分的利潤給其他員工。他要員工自己想辦法從這些剩下的錢裡面爭取屬於自己的那份。從設計師到工頭，每個人的收入都少得可憐。

每到年底，經常可以看到報導某家公司的員工集體堵住公司大門討薪水。該公司的老闆會要自己的祕書，或者相關負責人出面解釋：「今年公司營運不佳，放出去的貨款很多沒有到位，所以薪水發不下來，請各位諒解。」就這樣一句話，便打發了所有等著拿錢回家過年的人。而老闆自己的腰包卻鼓鼓的，每天大吃大喝、花錢如流水。這樣的老闆、這樣的企業，很難有什麼發展前景。

我有個朋友開了家飯店，也管理著一群人，他就是個非常無私的人。他是寧願自己吃虧，也要讓手下的每個人得到自己應得的。他請的燒菜師傅手藝特別

好，加上管理有序，飯店的生意一直不錯。

有一次他接到通知，飯店旁邊需要進行長達一年的修路工程，導致這一年的生意都非常慘澹。隨著每個月不斷虧損，很多員工都開始準備跳槽。這時，他拿出更多的錢分給他們，每個人每個月的薪水並沒有少一分，而且還多了。他要他們放心在飯店待下去，一起共度難關。結果沒有一個人離開，每個人都幹勁十足。後來，路修好了，飯店生意又恢復了以前的火紅程度，每個人更死心塌地的跟著他。

《道德經》上說的「無私為大私」，從賺錢的角度說，你不以一顆只為自己賺錢的心面對這個世界，才可以賺大錢。

04 有靈魂的成品才能賺錢

還在澳洲留學時，我在課外時間跟一個叫麗莎的設計師一起做室內設計，她是一個臺灣人。當時，我的水準只能夠當她的助理。跟了她一段時間之後，我感覺自己純粹就是一個小跟班，她要求怎麼畫圖，我就必須怎麼畫，不得隨便加入自己的想法。麗莎給我的感覺就是太獨斷，我的內心深處對她也有諸多不滿。可是為了賺生活費，我只能忍氣吞聲。我清楚記得，有一個客戶找我們做裝修效果圖，並且滔滔不絕的說了很多裝修的想法，希望設計師可以按照他說的想法，去設計效果圖。

麗莎以一種很強硬的態度對客戶說：「你既然找我們公司、找我做設計，就需要足夠相信我們的專業水準，畢竟我們是有經驗的。實話實說，若按照你的想法去設計，你的房子根本裝修不出好的效果。在我們這裡，你只需要說明你想要的風格就好了，其餘交給我們做就可以了。若你覺得還有什麼不妥的，可以找別家公司設計，我們不可能盲目的順著你的意思去設計，從而破壞自己的口碑。」

那個客戶聽了以後，大發雷霆，認為自己沒有得到尊重，最終揚長而去。我有點幸災樂禍，希望老闆會因此教訓一下麗莎，好滅滅她的威風。不料，老闆得知情況後，誇麗莎做得好，還特別強調公司要做強做大，必須堅持原則，必須保證每一個作品都是精品。

◈ 先打動自己，才能感動別人

回國之前，麗莎邀請我去她家裡做客，那是我跟了她之後第一次去她家。麗莎的家裡有一個專門讓她工作的房間，裡面掛滿了她自己設計的作品。麗莎從事這一行已經有二十年了，屬於老前輩了，在業內也有一定的名氣。我在無意間發現，麗莎書櫃裡擺滿了很多未開封的面紙盒。

我問麗莎：「你怎麼買那麼多紙巾，是打折做活動時買的嗎？」

麗莎：「擦眼淚用的。」

我：「擦眼淚？」

麗莎：「對啊，我每一次想圖紙方案的時候，都會被自己想出來的方案感動到落淚。所以特別買來擦眼淚用。」

我驚訝的看著她，半天沒有回過神來。她看著我的表情，一下子笑出聲：「我是在開玩笑的！你沒發現面紙盒上面的包裝圖案很美嗎？每個圖案都不一樣，所以我就一下子買了很多盒。」

我摸著胸口，鬆了一口氣：「嚇我一跳！」

麗莎：「不過，我做設計的原則就是把客戶的家當成自己的家，我首先要**先溫暖到我自己，才有可能感動到客戶**。所以我不太愛聽取別人給我建議，因為那樣只會讓我自己沒有辦法專注，我比較偏愛質問自己的內心，因為作品好不好，我的內心可以透過感覺直接回應給我。我絕對不會做沒有靈魂的設計，我深信，一個作品如果有太多人的意見夾在裡面，就不可能有一個獨立的靈魂，最多只是看上去很完整而已，從根本上卻很難打動人。」

雖然我不怎麼喜歡她強硬的個性，但她的作品確實讓我無話可說。麗莎的這段話，讓我一下子釋懷了。我瞬間放下了以往對她的偏見，突然有些欣賞她了。

回國以後，我考察了幾家裝修公司，看見那些裝修公司的牆壁上都掛滿了各家自己設計的作品。乍看上去，每幅都設計得挺「高大上」，但總覺得缺點什麼東西。當我回想起麗莎說過的話，我馬上就知道他們的作品缺少靈魂的元素。

我在考察時，難免會碰到一些找上門要求做設計的客戶，並聽到他們之間的一些對話。我發現大部分設計師基本上都喜歡問客戶想要怎樣的設計，比如顏色打算如何搭配，希望設計幾組櫃子等，總之是一味的迎合客戶的想法。

後來，我沒有選擇做室內設計，很大程度上是出於對國內的設計市場有些失望。在國內，大部分情況下追求走量（按：以低利潤銷售大量商品），很多設計師為了快速完成任務，把自己的一個設計圖隨便改一改，多次使用。

麗莎做一個裝修設計圖，最少要花半個月時間，而國內的很多設計師一個星期就可以上交好幾個裝修的設計圖。看著那些充數的設計圖，我的感覺就是「這個是一個效果圖」，僅此而已，我不會嚮往自己也可以住進這樣的房子裡。國內的設計師大部分收入都不高，我知道跟設計作品本身沒有靈魂有很大關係。

再後來，機緣巧合，我當上一家電池廠的區域經理。我管理著一群人，每天心情都很差。沒過多久，一個在馬來西亞認識的女孩「依戀」在ＭＳＮ上留言說，她很想跟我見一面。當我得知她剛好也在上海，我很激動，也特別想跟她好好聊聊。我清楚記得，她超級美、身材超級好，而她的強項是舞蹈。她告訴我，她現在的職業正是舞蹈老師。

我跟依戀見了面之後，發現她還是那麼美，相較以前，更增添了幾分成熟美。從她整個人的精神狀態，我看得出她現在過得很好，再沮喪的人也能被她身上的一股正能量深深感染。那個星期天，依戀約我去她的工作室玩。她打開她的電腦，播放了幾個她自己編排的舞蹈作品，其中有一支是現代舞，是她幫當地一個很有名的舞蹈演員編排的，我看完後，淚流不止，擔心依戀笑我愛哭，就趕緊解釋：「最近壓力太大，所以淚點很低，你不要介意，舞蹈很感動人。」

依戀：「其實很正常，很多觀眾看完這支舞都哭了，事實上這支舞也是我自己流著眼淚編出來的，每一個動作都是我內心的最深層的感情呈現，這支舞給我帶來了不少的肯定，也贏得了我這輩子到目前為止最高的獎金。從這支舞之後，我開始用自己的靈魂編排舞蹈動作，而不是像之前那樣，一味的展現自己的舞蹈基礎和技巧。」

依戀的故事，讓我想起了大威。因為業務需要，我找我們公司的產品設計師大威了解了一下新產品的特點和維護方法。那時我才知道，為了贏得市場，大威在這個新產品上面足足耗了三年時間，就是為了在相同充電的環境下，這款產品的放電時間能更久，產品使用壽命能更長，且更加環保，因為杜絕了有毒元素鎘的加入。

它被推入市場的那一刻，大威整整哭了一天。大威說，這款產品的改造注入了他所有的精力，他把這款產品當成自己的孩子，看到它逐漸被這個市場認可，他感覺一切付出都值得。大威為自己的技術申請了專利後，被公司高價收買，「他的孩子」也給他帶來了豐碩的果實。

前思後想後，我終於知道了為什麼面對同樣的產品、同樣是推銷，我更願意買A家而不願意買B家。因為A家是用心來幫助每一個顧客。據此，我也明白了為什麼一些老歌過了那麼多年之後，即使原唱者早已逝去，當那些旋律和歌聲再次在耳邊響起時，仍然可以打動很多人。我相信作曲的人是用靈魂在寫歌，而演唱的人也是用靈魂在演唱，所以才能走進聽眾內心的深處，且百聽不厭。

現在很多人為了市場而寫歌，我聽說某一個作曲家一個月編了幾十首曲子，他還拍著胸口說：「這麼多首，我相信總有一首會被買走的。」我不知道被買走的那些歌能不能紅、能紅多久，但我們發現很多口水歌雖然火了一陣子，卻很快就被人們遺忘了。就好像現在越來越多的歌手，愛表現自己在歌唱上有超高的技巧，卻少了感情的投入。一首歌聽下來，除了讓人覺得唱功確實很厲害，唱了什麼內容卻很難讓聽眾記住。

以前看過一則新聞，周杰倫沒有成名前，曾經拿著自己寫的歌去唱片公司，希望可以被錄用，但都被拒絕了。周杰倫並沒有因此放棄寫自己靈魂深處的旋律，而是親自演繹自己的每一首作品。事實證明，那些曾經打動他自己的歌，最後終於打動了無數人，也成就了他在歌壇上的地位。所以，**能夠感動自己、有靈魂的產品才會有市場**。

每次去談業務之前，我會審問自己的內心，我會設想自己是一個客戶，我到底如何做才能先感動到自己，並且說服自己接受眼前的產品。我會像演戲一樣，自己和自己對話，經常會對上很長的時間，說到讓自己心服口服，然後再約客戶見面。很顯然，這樣做是非常奏效的，且基本都會因此洽談成功。出色的業績讓年紀輕輕的我順利在公司站穩了腳步。

後來，公司員工教育訓練需要素材，我也不再像以前那樣在網路上找一些激勵人心的話語，隨便寫寫、敷衍了事。而是先審問自己的內心，我這樣寫出來、讀給自己聽，我會有什麼樣的感覺。如果我寫出來的東西得不到自己內心的掌聲，我就不會寫出來。

當時，我管理著業務分區幾十個人。我知道，每次發言時，只有說到讓自己熱血沸騰，才有可能讓我底下的人心潮澎湃。這件事再一次證明我是對的，因為每次教育訓練以後，我底下的每個人都可以拿出十二分的熱情在自己的工作崗位上，出色的完成各種大大小小的任務。

◈只看眼前利益的，一定被市場擊敗

為什麼現在走心的東西很難得了？因為大部分人愛圖快，喜歡追求眼前的利益。我一直相信，有意義、有分量的東西是肯定可以經得起時間的考驗。無論是哪個領域的產品，只要是研發者在產品中注入了靈魂，隨著時間的推移，這個產品就會越來越強大。

當我們聽到「為社會做出貢獻」這樣的話時，可能會理解成捐一大筆錢，或者獻上自己寶貴的生命。其實不然，能給人們提供便利、幫助、支援的行為舉止，就是有所貢獻。

市面上的各種商品、實體商品或者虛擬商品，都是人類智慧的結晶，都是在不同程度的服務他人。為什麼有一些商品可以累積幾百年的歷史，而有一些商品剛上市沒幾天就被迫下架了呢？**因為有些商品是開發者用心鑄就的，而有些商品則是開發者唯利是圖的念頭轉化成的**。沒有靈魂的人，只是一副皮囊，沒有靈魂的商品，只會曇花一現。

當我們一邊在做某件事，一邊在想著這能賺多少錢的時候，我們就註定了是失敗者。只有把「生產出有靈魂的東西」裝進自己的潛意識裡，我們向市場推出的所有產品才會是有生命力的，才能真正的服務他人。當每一個消費者都能體會到我們的「心」的時候，我們才能變成商場上的贏家。

創作和生產出有靈魂的事物，是賺錢的根本正途。

05 沉住氣，是最基本的賺錢手段

「放長線釣大魚」，顧名思義指的是不求短期小利，而是著眼長遠利益。凡是能在商業行為中奉行這句話的人，便是具備了長遠眼光，也將會成為生意場上一個真正的贏家。

拿投資商鋪來說，現在很多房地產開發商都是以包租形式銷售，雖然為了防止開發商非法融資或者融資後捲款潛逃，已有明文規定不允許開發商在建案還沒建好前，以包租的形式銷售。但大部分開發商終究還是打著法律的擦邊球，所以我們現在仍可看到市面上有不少待售商鋪的廣告，打著前兩年或者前三年的店鋪租金，一次性從商鋪總價裡扣除的噱頭。也就是說，從第三年或者第四年開始，再支付買家店鋪的租金。

一般投資人禁受不住這樣的誘惑：第一，認為租金剛好等於或者大於每月的還貸金額；第二，購入門檻較低，薪水階層也能當「旺鋪」的主人，低價購買的商鋪不需要自己打理，又有升值的空間，何樂而不為！一般抱著上述這種心態購買商鋪的買家，大部分都會失望而歸。

你需要知道，開發商是為了建造樓房而存在的，不是為了管理樓房而存在的，管理樓房的是物業公司。開發商根本不在乎將來店鋪租給誰，或者有沒有人租，開發商永遠只在乎資金是否可以及時回攏。現在的開發商玩的就是一個游擊戰，打一槍換一個地，房子賣完便拍屁股走人。

投資房產這件事跟去天津港買平衡車（按：一種電力驅動、具有自我平衡能力的個人用運輸載具）一樣，方法很多，投資者眼珠子需要擦亮，千萬不能心急，要奉行三多：多查、多看、多問。當然了，如果城市前景很好，商鋪地段也很好，樓房五證齊全（按：為中國大陸政府規定的房地產開發商銷售商品房時，必須有的許可證，包含：國有土地使用證、建設用地規畫許可證、建設工程規畫許可證、建築工程施工許可證、商品房銷售許可證），合約不存在漏洞和霸王條款，完全可以投資，即使不賺錢，也比把錢放在銀行裡保值得多。

如果你一開始就把眼光全部集中在開發商給自己保證的租金，到底可不可以抵月供（按：每月向銀行交的貸款），或者只在意五年之內自己所買的店鋪，能不能成為旺鋪，那我勸你就不要投資了，因為你一定會失望的，那可是大部分商鋪銷售時慣用的「宣傳語」。

商鋪投資或者其他項目投資，盡可能的把時間考慮得更長久一些，十年、十五年，或者更久，一開始要準備好自己不受益，即使中途出現了困難，也要堅持下去，不輕易打退堂鼓。一些企業培訓者，特別是一些老闆在培訓員工時，經常會強調每個員工都需要具備長遠的眼光。講出這句話，著實是容易的，但真正這樣做的員工卻很少。

◈ 做熱愛的事情，不會覺得累

「放長線釣大魚」不僅可以用在生意場上，在我們選擇自己要做什麼樣的工作時，更需要奉行這句話。我們的潛意識不可能對自己不熱愛的工作持有太久的耐性，若沒有看得見的利益在眼前作為支撐，我們很難長久的守在一個沒有前景的工作崗位上。

在現實生活中，大多數人都從事著自己並不是很喜歡的工作。為什麼？首先，或多或少，我們都有自己的夢想。可是夢想若能輕易實現，也就不會是夢想了。而大多數人實現夢想的自信遠遠不足，認為自己很難在眾多競爭者中脫穎而出。其次，若讓有夢想的人把夢想降低一個等級，比如，原本想在一線打拚的，退到二線工作，很多人又擔心自己會在二線隱姓埋名一輩子，而且收入也不固定，最終只能找一份所謂有保障、有固定收入的穩定工作。

但請你試想一下，當你做著自己並不喜歡的工作，又不能在短期內獲得應有的利益，就會持續不斷的在大腦裡往負面暗示自己的選擇和能力，結果就會像戀愛很久的情侶彼此間早已沒有了激情，每天看起來很忙碌，可就是發不了財。

目前，很多人在選擇一項工作時，往往不是去衡量自己有多愛這項工作，而是非常在意每個月的薪水到底有多少。如果說我們的工作是靠熱情和金錢兩者支撐的話，很多人會更依賴後者。看看自己身邊的人，我們不難發現大部分人總是質疑自己的熱情能持續多久。

事實上，很多人都高估了自己對金錢的喜愛程度，如果每個人都那麼愛錢，就不會堅持每個月領著固定薪水，如時鐘一般無精打采和按部就班。靠熱情支撐比靠金錢支撐的人會更具有戰鬥力，這就好比你跟一個自己不是特別喜歡的人在一起戀愛，如果中間的障礙太多，終有一方等不到開花結果那天就會放棄。若你是跟一個自己深愛的人在一起戀愛，困難越多反而越有勇氣去堅持。

所以，**放長線釣大魚，始終有一個前提，那就是一定要做自己熱愛的事情**。我們可以堅持做一件事，離不開兩種原因：利益，或者內心一股持久的熱情。急功近利的人偏向於找有物質支撐的工作，這類人眼裡永遠都會閃著一個大寫加粗的「$」，而跟這類人講放長線釣大魚，基本上就是對牛彈琴。

為什麼我一直強調一定要做自己熱愛的事情呢？因為當我們決定做某一件事情，而那件事情暫時看不到豐厚利潤時，我們心中的熱情可以化為動力，支撐著我們繼續前進。這種熱情的能量是巨大的，能長久源源不斷的給我們在前行的路上充電。

如何確定自己潛意識裡最愛的是什麼工作？當你可以不為短期回報而長期堅持做某一件事時，這件事基本上就可以歸為你的真愛。例如，當你想成為一名演員，你願意長期沒什麼回報的參演電視劇，甚至沒有一句臺詞，或者連自己的臉都拍不到；當你想當一名歌手，你願意靠非常低的通告費一點點的打拚出來，甚至長期混跡於街頭賣唱，希望終有一天看見未來……。

我始終認為，所有的有錢人，他們都是懷抱熱情的人，他們經歷了埋頭苦幹，消耗了大量的時間和精力，最終苦盡甘來，登上了自身財富的巔峰。前期**打基礎的過程是不會存在什麼驚喜的**，考驗的往往就是一個人能不能持之以恆。

我的一些讀者朋友，有一部分剛畢業沒多久，正煩惱自己該選擇什麼樣的工作。其中，一個讀者朋友A，她留言給我：「大學畢業後，一直沒有找到讓自己滿意的工作，後來我媽媽在我們老家的城市幫我爭取到了一份工作，就是在高速公路上收過路費，每個月薪水四千五百元。待遇還可以，也算穩定，很多人擠破頭想去，我現在還在猶豫，因為我感覺這份工作有些枯燥乏味。請您給我指點一下，我去還是不去？」

我：「為什麼遲遲沒有找到讓自己滿意的工作？」

A：「因為待遇都不是太好。」

我：「待遇好的就是讓妳滿意的？」

A：「是啊，薪水高的話誰不滿意啊。」

我：「妳有沒有想過妳喜歡從事什麼呢？」

A：「我明白妳的意思，妳是想讓我做我自己喜歡的事情，可是我喜歡的事情根本不能養活我。我自己也老大不小了，只能老老實實的做一份穩定的工作，總不能一直依靠父母生活吧。」

我不禁感嘆生活中有太多的A。也讓我想起一位老老闆曾經在我面前說過的一句話：「現在大部分的年輕人啊，都喜歡一步登天，都想像著畢業後就可以直接坐在辦公大樓的最頂層辦公室裡看看檔案、簽簽字。卻不知道那是很多人努力向上爬了十幾年，都不一定能爬到的位置。」

A這樣的人，如果不了解所謂的成功到底是怎麼來的，她就是看再多的勵志書籍，聽再多的名人演講，都沒有用。

類似A這樣的人，經常會給自己的潛意識裡灌輸這樣的訊息：我老大不小了，要務實；夢想很美好，現實卻很殘酷；我不能當一個另類；我熱愛的事情根本不能養活自己……他們會說：「我必須趕緊找份工作養活自己，不能再給家裡增添負擔了，等自己工作穩定了再去實現夢想。」

我們可以看到，那些自己灌輸給自己的活躍的潛意識，回饋到這部分人的生活裡，往往就是他們的現實「命運」：一個沒有什麼作為的普通人。

◈「不能很快看到成果，就覺得沒成就感」

不知不覺，我們已經進入一個「速食時代」。快節奏的生活催促著每一個人，好像已經沒有人再願意等待了。我們總感覺自己已經老大不小了，已經從學生時代只操心每次的成績排名情況，到操心手上銀行卡裡的數字，所以我們每天都是來匆匆、去匆匆，如果不夠快，生怕自己會落後，甚至怕飯碗被人搶。

我把這些對應於我們從小在耳邊聽得最多的一句話——「快點！」這句話最常出於我們最親愛的爸爸、媽媽口中，最終被潛意識接收。慢慢我們會發現，我們已經在不知不覺中被活躍在潛意識裡的「快點」這個訊息，打造成了一個十足的急性子，現在我們也喜歡對別人說「快點」。所以，**如果看不到某種結果，我們會質疑**、**會抱怨**，**甚至放棄**；如果不能立馬得到辛苦費，我們做事便會懶散；如果投資的店鋪一直不盈利，我們就會想著關門，或者轉讓……。

為什麼？因為我們急，我們特別在意「快點」的回報。也有不少人從事自己熱愛的工作，最後卻以失敗告終。如果你要問這些人為什麼會失敗，他們會告訴你：「市場不景氣、競爭對手太多、資金少、人手少、投資規模小，還有各種落後，難以站住腳……。」

這些理由看似是真實的總結，但對我來說其實全部都是藉口。這是在給自己短時間看不到回報後**選擇放棄而找的臺階**。當你從事自己熱愛的工作，仍然做不出成績時，所有的問題都可以歸結為一個：你太急著要看到一個理想的結果。

就拿健身來說，一個身材非常有型的男人站在你面前，他會告訴你，他已經堅持健身三年，或者更久。他會建議你：「最少要堅持健身一年，你的身材才會看得出一些改善。」他一定不會跟你說：「半年後，保證讓你一身肌肉、前凸後翹。」

所有健美的身材都是從普通的身材練出來的。同樣是熱愛運動的人，為什麼有些人練出了健美的身材，有些人仍然維持著普通的身材？前者把眼光定在了幾年之後蛻變出來的樣子，而後者把眼光定在了當下仍未有明顯改變的樣子。

同理，同樣是創業，成功的人會把眼光放在幾年後事業做成的樣子，眼睛一直盯著目標，即使中途遇到了困難也不會放棄。而失敗的人，會因為長時間入不敷出，很快便遺忘了創業之初許下的願望，他們著眼的是每天財務上進帳多少錢，若是連著虧損一、兩個月，就會想著讓別人來接手，或者馬上關門大吉。人生路途中，成功登頂的人總會幻想著站在山頂俯瞰的那種美好，而半途折回的人卻總是惦記著腳下的酸痛。

這個世界公平嗎？其實很公平。「天降大任」，永遠只會「降」給值得託付「大任」的人。想成為有錢人，必須讓自己變得有長遠眼光。**沉住氣，是最基本的修煉手段**。一個人若能沉得住氣，這個人就不會被眼前利益所動搖，就能緊隨自己的內心，堅持做自己想做的事。

我唯一的堂姊幼芽，畢業後一直在北京的一家廣告公司工作，收入和職位一直不錯。但是，堂姊知道這不是她真正熱愛的事業，她的夢想是可以建立自己的品牌，把來自她小時候虛構的一個古怪的東方世界，透過衣服、包包和飾品的形式展現出來。於是，她放棄了廣告公司的工作，創立了屬於自己的品牌「召喚商店」。堂姊說：「嘗試了以後才知道，原來**為自己內心服務**是特別爽的一件事。」

堂姊說她過得比之前累，心都要操碎了，而且有很長一段時間根本存不到錢。但畢竟是做自己熱愛的事情，她才能一直堅持到現在。「召喚商店」已經慢慢在各地打響了名氣，也擁有一批死忠粉絲。現在的堂妹每天忙得不亦樂乎，當初撒下夢想的種子，終於長出了芽。我相信，她的夢想最終會發展為一棵參天大樹。

二十七歲的澳洲小夥子班在他單親爸爸意外去世後，拿到了一筆保險公司的巨額賠款。班非常喜歡教師這個職業，更想開辦一家小學。但是，班並沒有立馬拿著手裡的錢去投資辦學校，而是選擇在澳洲一家小學裡當教師，每月的收入非常低。

十三年之後，四十歲的班終於開辦了自己的小學。在之前十三年的教學生涯中，他學到了整個學校的經營方式，並總結出了一套很有特色的教學方案，以及知道自己需要招什麼樣的老師。於是，在短短的三年間，他就在澳洲開了五家連鎖學校，經營得有聲有色。

愛滿手的創始人ＪＪ老師，一直熱衷於英語培訓事業。ＪＪ老師最大的心願就是可以幫助更多的中國人告別啞巴英文，能夠流利的說一口標準的英語。於是，她放棄了新東方高收入的英語老師職位，成立了愛滿手。之前，她在新東方授課過程中，不斷總結經驗、努力創新，並設計出一套非常有特色，且非常容易讓學員上手的感官英語。

在愛滿手成立初期，一切進行得並不是特別順利，也沒有看到豐厚的回報。對她而言，跟之前的收入比起來，簡直是天差地別。ＪＪ老師沒有受眼前利益的驅使，仍然懷抱著一股熱情，堅持做自己喜愛的事情。經過幾年的發展，在愛滿手裡受益的學員遍布中國各地，ＪＪ老師的事業蒸蒸日上，ＪＪ老師最終還是釣到了屬於自己的那條「大魚」。

所以，請你不要再到處尋求意見，不用問別人你到底應該選擇什麼樣的工作。所有的答案只能從你自己身上找到，你只能詢問自己的內心。你到底喜歡什麼呢？你可能會說：「我喜歡這個事情，但是我並不擅長。」那就努力把你喜歡的事變成擅長的事。

你**若不能把自己喜歡的事情變成自己擅長的事情，只能表明一點：在你的潛意識裡，你並不是真正的喜歡它**。試想一下，如果一個人天天說著喜歡你，卻遲遲沒有任何行動上的表示，你認為這個人是真的喜歡你嗎？那只能說你高估了這個人對自己的喜歡程度。

我鼓勵所有人，一定要選擇做自己喜歡的事情，即使前期的回報是零。從決心跨出第一步那天起，請你把自己的眼界放得更長遠一些。當你中途想放棄的時候，請拿出你心中畫好的那張藍圖來勉勵自己繼續前行。在堅持自己夢想的道路上，也許你會過得狼狽不堪，也可能會得不到大多數人的支持，但只要你堅持下去，就一定會有意想不到的收穫。

06 膽小是成為有錢人的首要阻礙

有一個分叉路口，左右各有一條路，左邊這條路有一萬個人走過，右邊這條路還沒有人走。請問：你敢走右邊這條路嗎？

有兩個項目，A項目和B項目，A項目有一萬個人做，B項目至今還沒有人做。請問：你是做A項目，還是做B項目？

對於第一個問題，張三告訴我，肯定走左邊這條路，既然這麼多人走左邊的路，肯定很安全。右邊的路沒有人走，肯定是有原因的，裡面一定充滿危險，搞不好連命都會賠進去。「我一定選左邊這條路走，因為群眾的眼睛是雪亮的。」

對於第二個問題，李四告訴我，既然這麼多人選擇做A項目，肯定有保證，有錢賺。B沒有人願意做，肯定是不好做、賺不了錢。「我一定選A項目做，因為群眾的眼睛是雪亮的。」

請問：在這個世界上，有多少個張三和李四？

◈熱門的事不容易賺到錢

我們從小就被教育：做什麼事都要先考慮安全可靠。時間久了，這樣的觀念便轉化成我們的潛意識，而且非常活躍。於是，這個觀念隨時影響著我們做出各種所有選擇。無論是保護我們自身安全，還是做生意賺錢，一切都建立在一個安全可靠的基礎上，而我們卻渾然不覺。

當聽到我們要創業或投資事業的時候，往往能聽到我們身邊會出現一些疑慮的聲音：「可不可靠啊？風險大不大啊？安不安全啊？」也會聽到各種打擊我們動力的話：「你看看現在的流行趨勢，誰還會去做那樣的生意啊；你是不見棺材不落淚，不到黃河不死心；一點保障都沒有還去做，你傻不傻啊……。」而當我們回過頭看看說出這些話的人，一般都很窮。

當很多人都說「群眾的眼睛是雪亮的」，你就要相信「真理永遠掌握在少數人手中」。縱觀所有能做大事的人，都少不了冒險精神，他們身上都有一股傻勁和幹勁，即使碰到頭破血流，仍然堅持做自己。當你在做一件事之前，還在思考安不安全，或者利益有沒有保證時，你其實就已經是一個失敗者了。

所有了不起的創業者在做一件事時，一開始幾乎都沒有太在意自己做的事能給自己帶來多大的實際利潤，只是單方面的熱愛，單方面的喜歡做某件事。可以說，他們主要是憑著自己的熱情勇往直前，才取得了不起的成績。

起初，當我打算寫本心理類書籍時，有一個朋友對我說：「現在誰還看那麼乏味的書啊，即使有也屬於小眾。你怎麼不寫小說啊？你看現在小說多有市場啊，萬一被哪個導演看中拍個電影、電視劇什麼的，豈不是賺大了。寫小說多安全啊，不用擔心被出版社拒稿，其他類別的書審察得都太嚴格了。」

不得不說，近幾年出現了很多被拍攝成電視劇的小說，作者不僅從出版社那裡，還從電視劇製作公司那裡都拿到了很高的版稅，知名度也因此大幅提升。於是，有好多寫作的人離開自己擅長的寫作領域，跟風寫小說，最典型的就是很多人開始寫穿越劇情的小說。

隨著這幾年青春主題的電視劇熱播，很多人又開始嘗試寫學生時代劇情的小說。也許，以後我會寫小說，但絕對不是因為寫小說安全、寫小說更賺錢。

總之，什麼東西成了熱門，人們就會認為它是安全的，是有利可圖的。所以，我們在國內的電視劇市場上，會看到很多內容雷同的作品，嚴重缺少創新精神，觀眾剛看了幾分鐘，就已經能猜出接下來的劇情走向和故事結局，到處都是套路，毫無驚喜。

創新才能存活，跟風終將死路一條。遺憾的是，從小我們的潛意識就在不經意間被灌輸「一道題只有一種正確解法」這樣的訊息。於是，整個社會大環境都在強調記憶、強調模仿，讓自己跟標準答案一模一樣。

「一道題只有一種正確解法」的潛意識，影響到大部分人對自己人生的判斷：路只有一種走法，老老實實上學畢業，再老老實實工作、結婚和生子。若自己另闢蹊徑，就是在自尋死路。我們的模仿能力很強，跟風能力很強，但是創造力在哪裡？

如果不跟風，我們就會懷疑自己走的路是不是會惹人非議，如果不跟風，我們就沒有安全感。從小，我們就在尋找一種所謂的安全感，進入了社會，我們一方面在尋找安全感，另外一方面又想成為有錢人，這怎麼可能呢？

你**想成為有錢人，就得做別人沒有做過或不敢做的事**，踏上了一條充滿未知的路，就是有風險的。很多人都會羨慕領頭羊，卻只有很少的人敢衝在前面當領頭羊。領頭羊雖然威武、有權力，但風險也是最大的，因為更容易被對手盯住。

你會說：「創業之前，要把風險降到最低。」

我：「乾脆不要創業了，不要做夢了。你還是繼續待在家裡，或者去給別人打工，老實當個窮人吧。」

當你還在兢兢業業做小生意的時候，別人開始炒房，你說人家是傻子；等到房價漲了，你又開始跟風炒房，人家又去做電子商務，你說沒見過；等到電子商務進入到每一個家庭，你又慌著開網路商店，人家又去發展別的了。

熱門的東西最安全，但是競爭也最激烈，因為太多人想要安全了，所以太多人深陷激烈的競爭中。冷門的東西永遠都是充滿艱難險阻的，因為我們不知道自己一腳踏進去之後是翻身，還是翻船。但是，有錢人基本上都是把冷門做成了熱門而變得有錢的。

三十年河東，三十年河西，這個世界沒有永恆的生財之道。三年前，我認識了兩個年近五十歲的老闆，一位姓高，一位姓朱。這兩位老闆都跟我們公司合作過。

我第一次見到朱老闆時，感覺他為人和藹、老實。在跟他交談過幾次之後，我發現他是一個很注重安全的人，經常會聽到他說：「不行，不安全！」凡是他認為有風險的事，他都本能的排斥。深入接觸一段時間之後，我很詫異，他膽子這麼小是怎麼當上老闆的？他管理的企業規模也不小，資產也算豐厚，我突然有些質疑我得出他是有錢人的結論。難道膽小的也可以成為有錢人？

另外一位高老闆，他讓我印象最深的就是，當你給他一個很刺激的建議，而且這個建議很多人都沒有嘗試過，他就會毫不猶豫的說「搞」！因為他是河南人，用河南話說出這個「搞」字讓我印象特別深刻。他經常說自己天不怕地不怕，想做的事絕對不會拖到第二天。可見他性格直爽，也算是一個絕對的行動派。三年間，高老闆的產品已經銷往全國各地，甚至出口到國外。

有意思的是，我起先說起的那位朱老闆，最終解散了他的幾百名員工，工廠也低價轉讓給了一個香港老闆，幾個股東把錢分了之後，朱老闆拿著屬於他的錢去了國外。後來，我從另外一位同事嘴裡得知，朱老闆的爸爸很能幹，當時獨自撐起了那家工廠，後來老了，就讓他的兒子朱老闆來管理，結果朱老闆不善管理，把一個老字號的工廠就這樣拱手讓人了。

所以我的看法還是沒有錯，處處講究安全的人，是不可能在商場上大展身手的，是不可能做強做大的，自然也就成不了真正的有錢人。

什麼是野心？**野心的大小決定了一個人能夠走多遠**，沒有冒險精神的人，絕對不能稱之為有野心的人。你可以給自己編上幾個野心家的外號，每天向自己的潛意識裡進行傳輸。你想成為有錢人，就得做有錢人的行為。首先你**要敢想，想別人不敢想的**，其次行動需要跟上，**要敢做，做別人不敢做的**，把自己的狠勁釋放出來，也就算成功了一半。不要畏懼失敗，要和每一次失敗做好朋友，聽取失敗告訴你的經驗教訓。然後重整旗鼓，再出發，直至成就自己的夢想。

◈ 成就從「不乖」開始

小時候，我記得長輩最喜歡說：「你看看〇〇家的孩子，好乖、好聽話、成績又好、又不到處闖禍。你再看看你，野孩子似的，天天到處捅婁子，惹是生非、成績差，看你將來怎麼辦喲！」我看過很多有錢人的採訪，他們在回憶自己童年時，沒有哪個人說自己小時候是個乖孩子、不頑皮的。

很多人的慣性思維：做安全可靠的事情就是乖，做不安全或做不隨波逐流的事就是不乖，就是另類。若你有自己的子女，還在用「乖」這個字來約束他們的話，你的後代離有錢人就會越來越遠。過度保護自己的子女，就會讓他們缺少冒險精神。冒險精神需要從小開始培養。當你在羨慕別人可以有那麼高的收入，而自己從小是乖乖的孩子，後來的收入卻始終只夠日常開銷時，你必須反省一下自己的成長方式。

說回本書開頭提起的王西南，他當時就是被老師冠上了「調皮、不乖、野人」等稱謂。我們班當時的班長是個典型的乖孩子。班主任經常會拿班長當正面教材，拿王西南同學當負面教材來教育我們。學校有一次帶我們整個年級步行去十五公里以外的鴨子山，要求每個同學回校後都要寫一篇關於這次爬山的作文。

到了目的地，同學們已經累得不願意動了，每個人找了個位置坐下來後，根本不願意再接著爬了。老師為了提高同學的積極性，就編了小謊話，說山後面住著一個「怪老人」，然後問誰願意爬上山見識一下他。所有同學，包括我，一聽「怪老人」嚇得就不敢接話了。班長說：「住那麼偏僻的地方，太恐怖了，還是原地看書吧。」很多同學點頭表示贊同班長的說法。

忽然，後面傳出了王西南的聲音：「既然來了，為什麼不去看個究竟，問一下老人為什麼會獨自住在那裡，回去寫作文就有素材了，不是更好嗎？我很想去。」

老師聽到王西南這樣說，非常高興，就問：「還有誰跟我們一起上山？」結果，最後只有五個同學一起去了。以班長為代表的一大群同學則待在原地看書或者聊天。十年過去了，班長在我老家那個城市裡的事業單位上班，聽說一個月領不到三千元的薪水。而王西南卻在老家投資了各個項目，有房地產、餐飲業和娛樂業。有一次，我跟朋友去老家規模最大的那間KTV唱歌，裡面裝修得非常華麗，一打聽，原來老闆就是王西南。

是的，這就是班導嘴裡「正面教材」和「負面教材」的各自命運。「正面教材」從小到大都衡量安全來做事，過著一種很安全的生活，不痛不癢。而「負面教材」的人生充滿驚險、刺激還有不能預知的考驗，雖然痛但也總是快樂著。

有時，我還會看見有些母親手裡拿著長長的棍子到處追打自己的孩子。當我看見她們手裡一邊揮舞著棍子，嘴裡一邊喊著「我叫你乖，你不乖」時，不禁會嘆一口氣從旁邊走過，因為我知道，又一個孩子的冒險精神很有可能被扼殺掉了。

◈ 安全感沒人能給

從小到大，我也是在一種「安全」環境裡長大。到了國外，同學拉我一起去坐雲霄飛車，我不敢；邀我去高空彈跳，我更加不敢去嘗試；約我一起去露天露營，我拒絕；找我一起進鬼屋，我更是怕得不得了。過去，我一直不認為自己有什麼不妥，並且認為膽子小一點無可厚非，但是，當我跟很多有錢人當了朋友以後，我才知道，膽小是成為有錢人的首要阻礙。

後來，我嘗試去玩雲霄飛車，而且一個人接連坐了五、六次，直到自己已經感覺不到任何恐懼；我一個人遠足，步行三十公里；一個人夜間爬山；一個人夜間走墳場……當生死存亡的恐懼都能被自己戰勝時，還有什麼事情對自己來說是危險的呢？

《孫子兵法》裡說「投之亡地而後存，置之死地而後生」，是說作戰時把軍隊佈置在無法退卻、只能戰死的境地，以此激發士兵求生的潛能，士兵就會奮勇前進，殺敵取勝。

在求財的路上，我們不要再尋找所謂的安全感，我們要狠心把自己送進一種絕境的狀態，這種絕境的狀態不是讓自己的生命受到威脅，而是要狠心把自己置於「投資無退路」的境地，那時，我們才能真正用心洞悉如何賺大錢，才能真正激發出自己賺錢的潛能。

我有一個妹妹叫高小羊。她有一次給我發微信說：「姊姊，我現在每天都生活得好壓抑，每天苦命的工作，但是收入總是上不去。」

我告訴小羊，她的「靠山」太多，活得太過於安全。小羊左邊有老公，右邊有公公、婆婆，前面有爸爸、後面有媽媽。小羊跟我不太一樣，即使她沒有了公公、婆婆和爸爸、媽媽的幫助，還有小羊的老公一起分擔家用。

小羊最近懷了第二胎，硬撐著身子，依然在為每月那點不多的薪水做事。我給小羊的建議就是把工作辭掉，安心養胎，把賺錢的任務先全部交給老公去完成。如果她的老公足夠愛自己和孩子，肯定會竭盡全力想辦法去賺錢。我還告訴她，最好還是單獨住，不要跟父母住在一塊，接受他們的幫助。

小羊：「那不行啊，只靠他一個人養，我跟孩子會餓死街頭。」

我：「那就讓他去借錢，然後想辦法還，借錢本身就是一種冒險。妳老公如果能夠撐下來，就一定會感激妳的決定。就好像我現在非常感激我前夫沒有給我孩子撫養費一樣。如果他給了，我可能每個月就都會把時間和精力，花在索取撫養費上面了，哪還有心思去賺錢。」

事實上，如果一個人的賺錢能力非常強，這個人肩上的擔子一定不會輕。也許這個人需要一個人來支撐整個家庭，這樣的情況會逼迫自己想破腦子去賺錢，這個人賺錢的潛能自然可以被激發出來。如果幾個人共同養一個家，每個人都不可能竭盡全力去賺錢，如果這幾個人當中的某一個人沒錢花了，很自然的會想：「沒關係，還有另外一個人可以補貼我一點。」

一隻手本來可以提起十斤的啞鈴，若換成兩隻手提，每隻手自然就不會使盡全力了。這讓我想起了自己剛生完孩子的那一年。我爸媽把該買的都買了，水電費和瓦斯費不需要我去交，菜不需要我去買，甚至寶寶的奶粉錢和紙尿布錢，也是我爸媽搶著在一旁買單。

那一年，我很少在經濟上面操心。每個月都可以把大部分的薪水存起來，我一下子陷入一種很安逸的狀態。我隱約感覺到，如果再這樣下去，我不可能賺大錢，也不可能成為有錢人，更不可能實現我想實現的那些夢想。

後來的某一天，我在閱讀《孫子兵法》時，剛好看到了「置之死地而後生」這句話，感觸頗深。那些天，我一直在思考這句話，我知道把自己逼入「絕境」，等於是要把自己歸零，重新開始。也許，我會因此變成「月光族」，也許我會負債累累，但是我知道我的內心會變得強大，也會磨練出一個賺錢的頭腦。對此，我深信不疑。

我開始斷絕父母的經濟幫助，沒過多久，我便孤身一人帶著孩子來到了完全陌生的沿海城市，開啟了我獨自一人的「冒險之旅」。在那段時間裡，我才真正感受到了獨自養家的不容易。我告訴自己，我一定可以創造很好的生活。如果我告訴你，那段時間我一點也不累、很輕鬆，那就是假話。就像莉莉媽媽說的那樣，先要磨幾層皮下來，才能看到勝利的曙光。

那段期間，我每天都會念正能量的口號給自己打氣，也會和自己的潛意識對話，而潛意識回饋給我的就是不會被這種壓力打倒。突然之間，我感覺自己如同商業鉅子附體一般，我總是可以找到適合自己投資的商機，帶著熱情，我堅持著，一步一步讓自己離自己的夢想越來越近，而我也實現了當初說的「要給孩子最好的生活條件」的承諾。

我知道，這種提升將永遠不會停止。安全的生活環境確實會讓人感到舒適，但是我也發現，很多**人處在安逸的環境時，竟會變得怨天尤人起來**。這部分人不愁吃喝不愁穿住，只知道把心思都花在其他瑣事上。我見過一些「啃老族」，每天花父母的錢，還抱怨自己的爸媽做得不好，而那些父母不僅要被自己的兒女「啃」，還要被自己的孫輩「啃」，最後吃力不討好，還惹得孩子生厭，幾乎成為孩子的敵人。我想對所有「啃老」的年輕人說，當你真能把所有的擔子都扛起來的時候，你的爸媽在旁僅僅只給你一個指頭的分擔，你都會心存感激。

與其說年輕人不能在該奮鬥的時候選擇安逸，不如說人不能總想著安全。並不是事情或外在環境本身不安全，而是我們的心理有問題。我們對結果的幻想，讓我們有了不安全的感覺。不安全的訊息一旦轉化為潛意識，這樣的潛意識就會伺機活躍起來保護我們，所以我們才會缺少實踐的勇氣。

培養自己的冒險精神，也就是在強大自己的內心。當你在羨慕有錢人時，你有想過在有錢人身上發生過多少事情是你不敢去嘗試的嗎？

對你來說，尋求一種自認為比較安全的方式去賺錢，例如跟風，加盟一家連鎖店就成了你養家餬口的首選。因為你喜歡安全，所以你不會去借錢；因為你喜歡安全，所以有了錢也不敢花；因為你喜歡安全，所以你拚命存錢；因為你喜歡安全，你總是跟風做別人正在做的東西。請問：這樣的你真的會成為有錢人嗎？

在中國，真正有冒險精神的人是少數。當然，光有冒險精神還不夠，我們還需要有端正的三觀。在培養自己冒險精神時，一定要不斷讓自己靠近正能量的東西，這樣我們的冒險精神才不會變質。

窮人存錢補貼富人

01 窮得只剩一個金額龐大的存摺

當一個人潛意識裡保存了「我不是有錢人」這條訊息後，這樣的潛意識就會讓這個人賺錢變得無比艱難，每一次開銷也會變得異常小心，會盡量避免一切開銷，非常愛存錢。

為什麼？因為這個人會認為，自己本來就沒什麼錢，再不存點錢，生活就更加沒有自信了。

「我跟妳說，上個月我存了三千元，我這個月比上個月多存了兩千元。」一個四十多歲的中年婦女對坐在她旁邊的友人說。

「快說說，這錢是怎麼擠出來的。我跟我老公的薪水合起來、去除開銷，每個月也只能存三千元不到。」她的友人急忙問道。

「妳要他把菸戒了，然後控制他每個月出去請客吃飯的次數。控制一次，就至少能讓他省出五百元出來。他每個月的菸錢省下來，也有近一千元。這兩千元就是從我們家那口子身上擠出來的。」婦女連忙解釋道。

「妳要我們家那口子戒菸？那等於是要他別活了。他倒是沒有什麼機會出去請客吃飯。我們家孩子上了幾個補習班，開銷很大，錢基本上都花在孩子身上了。每個月我也是省吃儉用的，只能存三千元不到。我在想，等到孩子大學畢業並且工作了，那時我應該可以每月存七、八千元。」友人接著說。

「補習班上了有什麼用啊！現在不是拚知識的時代了。妳別整天給那麼多壓力在妳女兒身上，妳女兒和我女兒成績都不差，萬一將來考不上好的學校，多存點錢也可以給她們買個好學校上啊。現在是拚錢的時代。我們如果不多攢點錢，以後女兒走出去怎麼抬得起頭啊！我打聽了一下，我女兒同班同學家裡，個個都是百萬家底，現在我們不多存點，以後就晚啦！」婦女擠著眉頭說。

「我現在的房子太小，存錢主要是想買間房子，等將來女兒結婚了，女婿上門也不顯得寒酸。」友人說。

「哎呀，妳怎麼也要做房奴了啊。妳傻不傻啊，兒孫自有兒孫福。有那錢，妳留著給妳女兒買間好點的房子，我們一年一年老了，還買啥新房啊！妳買間好的，他們能回來住幾次啊？妳看我，從生女兒那天一直到現在，已經存了快六十萬元了。等她上大學時，我爭取存夠一百萬元。我有一個朋友，是出了名的會存錢，她薪水領的還沒有我們高呢，但已經存了一百多萬元了，聽說她住公司、吃公司，每天都找一些發票報銷，我改天要請教她，看看我還能從什麼地方把錢省下來。」婦女越說越起勁。

「那妳一定要叫我，我也要去學習學習。」友人急忙附和。

這二位響亮的對話，就這樣被我完完整整的聽到了。我不禁打了一個寒顫，當這個婦女的老公該有多麼的不幸啊！雖然抽菸有害身體健康，但是很多男人抽菸是為了減壓，他們甚至可以不吃飯，也不願意不抽菸。若是為了他們身體，幫忙減少抽菸的量，我還能理解；若是為了存錢，強迫性的讓自己的老公戒菸，這跟拿刀子捅自己的老公有什麼區別？

我當時吐了口氣對自己說：「還好、還好，我不是這樣的女人。」

◈小氣會毀了所有美好關係

為了所謂的「錢包越來越鼓」，盡可能的免去一切開銷，還一個勁的嘲笑那些車奴和房奴。我想，為了車子和房子把自己一輩子都搭進去的人，也好過為了一個本子把自己一輩子搭進去的人。有意思的是，當我聽這些人在談論自己如何存錢時，似乎是在炫耀自己非常會理財、非常有成就感。

我突然想到文學家魯迅先生經常在文章裡諷刺一部分中國人。他在《碰壁之後》裡提到「中國各處是壁，然而無形，像『鬼打牆』一般，使你隨時能『碰』，能打這牆的，能碰而不感到痛苦的，是勝利者。」這些人嘴裡鄙視著房奴、車奴、孩奴的同時，卻不知道自己是一個麻木不仁的錢奴。或許，用錢奴一詞都不能準確的表達，應該說是人民幣奴，或者是存摺奴更恰當點。

我認識一位孫叔叔。他是一個俱樂部的籃球教練，平時生活習慣非常健康，不抽菸不喝酒，業餘時間就是教他的學生打球，對他的妻子劉阿姨也是相當有心，這麼多年過去了，始終如一。外面的人都羨慕劉阿姨找到一個好男人，恩恩愛愛過了那麼多年。他們兩個一直是社區裡的模範夫妻。但就在兩年前，劉阿姨卻狠心的結束了和孫叔叔長達二十年的婚姻生活。

劉阿姨和孫叔叔離婚後，在一次我媽的朋友聚會中，劉阿姨也在場，跟往常不同的是，劉阿姨旁邊多出了一個陌生的男人。不用問就可以看出這個男人和劉阿姨的關係。後來又過了一段時間，好多關於劉阿姨的流言蜚語就全都飛了出來，什麼「不守婦道」、「行為不檢點」、「紅杏出牆」……各種對劉阿姨的負面評價，如雪片一樣四處飄散開來。

在所有的外人看來，孫叔叔那麼好的男人，劉阿姨卻不知道珍惜。又過了大概三、四個月左右，大家看不到劉阿姨的身影。我們都在想，可能是受不了那些負面評價，劉阿姨不願意再露面了。二〇一五年春節，我在老家又偶然遇見了劉阿姨。我見她氣色非常好，甚至比以前更年輕了。我媽熱情的邀請劉阿姨上門做客，劉阿姨很爽快的答應了。在我們家寒暄了一番之後，我終於得知劉阿姨為什麼和模範好男人孫叔叔離婚了。

劉阿姨：「事情已經過去一年多了，我現在過得比以前好。」

我媽：「老孫對妳不是一直很好嗎？」

劉阿姨：「他把錢看得太重了，他雖然不抽菸、不喝酒，也沒有惡習，但妳們知道他連一個男人基本的交際能力都沒有嗎？他從來不會主動請人吃飯，都是他的學生請他。因為我的收入比他低，所以那時我們商量著把我的薪水拿出來當日常開銷，而他的錢則全部定期存起來。」

我：「孫叔叔那麼多學生，一定存了不少錢吧。」

劉阿姨：「比上不足、比下有餘吧。主要是惡性循環了，連正常的開銷他也抵觸，就知道存錢。我每次回娘家，都是拿自己的錢出來給爸媽，向他要一分錢都難。」

其實，我早已經知道孫叔叔愛存錢了。以前，我就經常聽他教導晚輩說：「你們父母賺錢不容易，不要老是買這買那的，能不花錢就別花錢。」但是我們不知道，孫叔叔愛存錢的「毛病」，已經到了一個讓劉阿姨難以忍受的程度。

劉阿姨：「妳們看我活得瀟灑，都以為他能賺錢養活我，其實一直是我自己在養活自己。他確實有存款，可是他的錢誰也別想動一分，家裡房子太舊，我想換間新的，跟他商量買新房的事，他說這是浪費。我媽生病住院，我要他拿點錢出來為我媽治病，他卻反問我，其他兒女為什麼不管。後來，我不得已從我同事那裡借錢給我媽看病。妳們想想，他哪像是家裡的支柱？家裡有存款放在銀行裡不動，要我一個女人跑去外面借錢，他和我還能稱得上是一家人嗎？我早就想結束我們的婚姻了，只是顧慮著兒子的面子。現在，兒子也大學畢業了，離婚對我來說也就沒什麼可顧慮的了，我可不想跟一個守財奴過一輩子。」

我媽：「老孫一直沒找人，還在苦苦等妳回頭。」

劉阿姨：「我不會回頭了。我現在交往的那位雖然沒什麼存款，但都會把自己賺的錢給我支配，我感覺我過得比以前富有多了。」

在現實社會裡，兩個人談戀愛，等到論及婚嫁時，都會考慮對方的經濟條件。特別是女生，會衡量對方到底擁有什麼，值不值得託付。可是在這個世上，有一種人窮得只剩一個裝滿錢的存摺，看上去是有錢人，其實是一無所有的人，你敢嫁嗎？

有一次，一個好久未見面的朋友來我家做客。他被我家一塵不染、井然有序的擺設給嚇到了。

他：「妳肯定有潔癖。」

我：「我就當你在誇我吧。」

他：「我不是誇妳，我覺得妳這樣活著肯定很累。」

我：「做自己不習慣的事才會感覺累，只能說你還沒有這個習慣。」

他：「我只是覺得，人還是要尋找一種放鬆的習慣，將什麼都分門別類的，太累。妳看，妳家好像沒有人住一樣，連個茶杯都還要專門放在櫃子裡，如果直接擺在外面，想喝水了順手一拿，多方便啊！還有啊，房間裡擺這麼多沒必要的裝飾品，是好看沒錯，但應該花不少錢吧，這些錢存起來多好啊！要是我媽看見了，一定會說妳浪費。」

我：「天空為屋頂，大地為床，你累了便躺下，更方便、更省錢，也省得買房子、疊被子，也省得每天擠車回家。」

◈ 省下大筆存款的人，最快變窮人

錢，什麼時候該花，什麼時候不該花？在你眼中，若特別在意存錢，那麼所有的錢都不該花，並且你會一直認為努力存錢是一件無比正確的事。為了讓自己存摺裡的阿拉伯數字每天不斷增加，你煞費苦心的存錢。你希望透過此舉摘掉自己身上那窮人的標籤。我只能說，你錯了。雖然你存摺上的數字的確在不斷增加，可是你仍然是一無所有。

這樣的你，和一個乞丐的區別只是多了本存摺而已。乞丐沒有錢，所以這也不能買，那也不能買。你因為要存錢，同樣是這也不能買，那也不能買。乞丐不會為花錢還是存錢傷腦筋，如此看來，乞丐比你活得更簡單、更輕鬆。愛存錢的人，內心是脆弱的。他們透過存錢這個方式來強大自己的內心，殊不知，他們讓自己的口袋越來越鼓，但內心卻越變越脆弱。在他們的潛意識中，錢是存出來的，不是賺出來的。

我媽年輕時的一位好友薛阿姨，自一九九二年退休之後，就一直做著小生意。她是典型的捨不得吃穿型的女人，在她的生活中，最重要的事就是存錢、存錢、存錢！在我出國那一年，聽說她存摺裡的錢已經突破一百萬元。但是，我們絲毫看不出她是一個百萬富翁。她身上穿著廉價的衣服，提著一個破舊的包包，滿臉雀斑和皺紋，蓬鬆著頭髮和我們家還有其他兩家人在一起吃飯。

我發現，她的眼裡總是透出疲倦、滄桑。有時，我甚至感覺她的笑容都是勉強擠出來的。那時，我們家和其他兩家的資產相加起來恐怕連二十萬元都沒有，但是我們有的是朝氣和活力，以至於別人都會認為我們幾家和薛阿姨家一樣有錢。

回國以後，我偶爾有一次和我媽提起了薛阿姨。我媽說，薛阿姨進了精神病院。我當時驚訝到連牙齒都快要掉出來了。我媽說，薛阿姨把她辛苦累積的兩百多萬元存到了一個房地產老闆手裡，那個老闆承諾每年給薛阿姨兩分利息。也就是說，薛阿姨什麼都不做，每年就可以拿到四十多萬元的利息錢。

不幸的是，她還沒有拿夠兩年的利息，那個老闆就出車禍死掉了。當所有的債主找上門時，她才發現，那個房地產老闆從民間非法融資了足足一億多元。因為債主太多了，驚動了政府。政府強調，誰接手那個大樓，誰就需要先把每個債主的本金還清。大樓遲遲沒有人接手，慢慢成了爛尾樓。

薛阿姨拿不到利息，連自己的本金也收不回來了。薛阿姨苦苦追尋著自己的血汗錢，始終沒有著落，壓力太大，幾次試圖自殺，被親人及時發現，給攔了下來。沒過多久，她就瘋了。

我媽：「哎，最先發財致富的人，卻落得如此下場，可惜了。」

我說：「她根本不是真正的有錢人。」

愛省錢的人，一定愛存錢，而且都是拿著自己寶貴的時間來省錢，哪怕只省一元。前幾天，我去超市買東西時，看見超市到處掛滿了廣告，上面寫著：凡是星期六、星期日購物用帶有「閃付」標誌的銀行卡付錢，滿五十減二十、滿七十減三十。我在心裡面偷笑，看來支付寶等軟體的強勢來襲，給各個銀行製造了不小的壓力，銀行（金融機構）想透過這種活動方式讓更多人把錢再重新存入銀行。

突然，我聽見在我前面搭電梯的大姊跟她老公的對話。

她：「今天星期四，我們星期六再來買吧。」

她老公：「可是家裡沒有牙膏了，再不買，這兩天怎麼辦啊？」

她：「哎呀！將就兩天能省二十元，幾次下來就可以省一百元呢！」

最後，她拉著老公從旁邊的電梯下去了。看來她的老公也妥協了，我當時真的是很無語。還有一次，我從賣場裡出來，準備結帳時，左邊一個結帳通道裡，只有一、兩個人排著隊，右邊那個結帳通道卻排起了長龍，大概有十來人。

我問身邊的賣場保全：「這兩個通道不一樣嗎？」

保全：「那邊掃二維條碼，每筆帳單可以減免十元。」

原來如此。我在想，那邊排著長龍的人，一定會在心裡嘲笑我們這幾個在左邊付款的人，有錢可省都不知道。我突然意識到有錢人為什麼有錢了。**有錢人**往往都是**用錢買時間**，而**窮人**則是**用時間換錢**。

很多愛存錢的人會想：等我存夠了多少錢的時候，我就可以真正開始享福了。我想對這些人說，你不知道習慣成自然嗎？你不知道二十一天堅持做一件事就能形成一個人的習慣嗎？更何況愛存錢的習慣，你已經堅持了大半輩子。

我見過太多的老人，攢了一輩子、存了一輩子，一天的福也沒有享，直到生命快走到了盡頭時，仍然在看自己的存摺，仍然在算著自己存摺裡的錢，而他們的子女也時刻盯著那點錢，在心裡時刻計算著自己可以分到多少錢。請問：這是老人的悲哀，還是老人年輕時就已經悲哀了呢？

沒有冒險精神的人，往往愛存錢。不得不承認的是，當你自己有了一些存款時，確實會讓你的內心充滿安全感。很多經濟條件很好的人也會存錢，包括我自己。在沒有想好哪些地方可以投資時，我也會存一些錢。但是，我在遇到自己喜歡的東西時，絕不會強壓住自己的購買欲。若是**因為存錢讓自己變得一無所有，這不會讓自己成為有錢人，而是會讓自己越來越窮**。

有一次，和一個朋友一起散步，我們突然講到另外一個朋友創業的故事。

朋友：「妳說他（有錢朋友）有今天，最應該感謝誰呢？他的妻子、他的伯樂，還是他的父母呢？」

我：「他最應該感謝那些辛苦存錢的人，要不然他從哪裡貸款創業走到今天呢？」

02 有錢人總是一直在還錢

二〇〇七年，我看過一本理財書，作者是韓國人。書名已經在大腦裡模糊了，那本書的宣傳語是，如何讓自己的錢包越來越鼓，可是現在想想，那只是一本教讀者如何竭盡全力省錢，然後又如何竭盡全力存錢的書。那本書，是一個小妹妹推薦給我看的。她一再囑咐我，一定要認真看。確實，這樣的書對當時還是窮學生的我來說，確實有巨大的吸引力。試問，誰不想發財？誰不想錢包越來越鼓？

◈ 存錢不會使你致富

當年年幼無知的我，一度把那本書中提供的方法，當聖旨一樣去實踐。我還記得裡面有句話：若每天把你沒有必要的開銷存起來，過一段時間，你會發現這將是一筆不小的數目。長年累月下來，你會發現你的財富會上升到一個新的高度。

在我實踐了一段時間後，確實讓我省出了一點錢，但每天的生活卻過得異常枯燥。我隱約覺得若一直這樣堅持下去，只會讓我繼續在窮人這個階層裡老老實實的待著罷了。因為，**我所有的精力都放在了省錢、存錢上面。對於如何賺錢，一點思路都沒有**。

那段時間，我盡可能不花錢，努力存錢。因為我的學費是固定的，我只能從我的生活費裡面省。一個長條麵包，我曾啃了一個星期，晚上堅持只吃一個蘋果，連我自己再次想到這裡時，都產生了錯覺，以為我那是在減肥。

我堅持了大概有半個月時間，確實瘦了不少，也省下了一些錢來。對書中的方法和整個實施過程，我走火入魔般的信仰著。我期待在幾年之後自己可以存出一個新高度，直接進入有錢人的行列。對於一個那麼愛買衣服的我來說，已經大半年沒有出去逛過服飾店。我身邊很多朋友為此表示很困惑。還有同學間的聚會，我會扯出各種理由不去。

當同學已經開始操心如何創業時，我還是在想著如何去省錢，如何存錢。漸漸漸的，朋友開始對我有點愛理不理。我也不像之前那樣，可以吸引很多男生來喜歡我。我和朋友的關係不知不覺中變得疏遠了。我所有的心思都用在衡量這個錢該不該花、那個錢該不該花。人也漸漸沒有了靈氣、失去了好運，像一個處處斤斤計較的「老媽子」一樣。

我在想，如果當時我家人看到我那樣過日子，一定會感到欣慰吧。因為在他們心中「花錢如流水」的我，也可以省吃儉用的生活了。最好笑的是，我竟然一直不認為自己是在存錢，而是在理財。

暑假回國後，我去杭州玩，順便考察了當地的幾家裝修公司，想看看畢業之後能不能留在國內工作。碰巧的是，我剛好趕上一場關於理財的講座，而且是免費的。我心想，既然不用花錢，又能學習，自己也算資深理財人士（現在覺得太可笑了），一定要去聽聽。一個小時裡，我聽得如墮雲霧中，演講者說了很多銀行理財的產品，說了它們的優點以及風險。但是，他怎麼就沒有教我們如何攢錢或存錢呢？我決定問個明白。

我：「請問，怎樣才叫會理財？」

他遞過一張名片給我，名片上寫著理財顧問。如今我已經忘記他屬於哪個銀行，還有姓什麼了。

他：「這是我的名片，妳若對我們的理財產品感興趣的話，可以打電話給我。」

我：「我還是個學生。」

他：「這樣啊，那妳可以回去問問家人，是否有興趣做投資理財。」

我：「學生不可以做嗎？」

他：「妳以前做過嗎？」

我：「我有存款。」

他：「哦，妳是存活期還是定期？可以試著轉成理財產品。這樣收益會更大一點。妳可以上我們官網查看每個理財產品，了解清楚後才能便於理財。」

我：「會存錢不就是理財嗎？」

他：「哈哈，也算理財、也算理財。請問妳存了多少？」

我：「不到一萬元。」

他：「嗯，那妳考慮好後可以打電話給我。」

說完，他轉身就走了。我想，他可能覺得我錢太少了，或者認為我根本不知道什麼叫做理財，於是懶得在我身上繼續浪費時間。他這種半嘲笑的行為，讓我開始懷疑我努力存錢這個事情，是不是有些不太理智，也讓我對如何變得更有錢重新思考了起來。

◈ 存錢是一種很笨的投資

二〇〇九年，在我實習不到一年的時間裡，我就見識到了所謂的有錢人，也就是我的老闆。有一次公司聚會，我就厚著臉皮問他。

我：「老總，你存了多少錢？」

老總：「存錢？怎麼突然問這個？」

我：「是啊，你應該存了很多錢吧，你是從什麼時候開始存錢的？」

老總：「為什麼要存錢，我欠了一屁股的債，哪有錢可存？」

我：「啊，不會吧，可是你很有錢啊，你是老闆啊。」

老總：「那也不是存出來的啊。一般都是剛有點錢就會投資到新的事業裡去，我怎麼會存錢，借錢都還來不及呢，哈哈……。」

我：「可是你開銷也很大啊，不存錢，怎麼消費啊？」

老總：「賺啊。所以我才要投資理財，錢滾錢啊。」

我：「存錢不是理財嗎？」

老總：「存錢也算是理財，但是說真的，我從來不認為存錢是理財，而只是一種很笨的投資方式。對於很多人來說，有了錢不知道怎麼投資，沒錢的又想盡辦法存點錢。對我來說，銀行那點利息能做什麼呢？如果要是為了那點利息把錢死存起來，我的事業根本沒辦法做開，所有的時間也就都浪費了。我不會選擇這麼笨的理財方式。」

我：「你的意思是笨人才會存錢嗎？」

老總：「可以說是，也可以說不是。妳最近在存錢嗎？」

我：「存了一點。我是不是很笨？」

老總：「怎麼會？存夠第一桶金，然後發展自己的夢想也是很好的。」

我：「我存錢並不是為了發展夢想，是為了存多點，慢慢成為有錢人。」

老總：「有錢人是想辦法賺錢的人，哈哈……。」

我知道，當時的我在他心中就是笨人一個。還有一次，我在學校參加公益活動，認識了一個捐款的華人。他在澳洲開了好幾家公司，也是典型的有錢人。主辦單位請大家吃飯時，作為學生代表的我們，可以上去跟他說幾句話，也可以問他幾個問題。其他同學的問題：請問為什麼您要出席這次公益活動啊？這次公益活動對您來說有什麼特殊的意義啊……輪到我問了，我上來問的問題，把他和他身邊的人給嚇到了。

我：「請問你存了多少錢？」

他先是一愣，然後笑著說：「我一般都拿出來做公益了。」

我：「我不要這樣官方的答案，你不存錢哪來的錢做公益啊？請問你如何看待存錢這件事，它是一種很笨的投資方式嗎？」

他：「也不能完全說是笨吧，畢竟現在很多人都會存錢，總不能說很多人都笨吧。不過我理財的方式就是不斷投資新專案和新產品。這樣才能讓原來的資產越滾越大。」

後來，我被同行的老師口頭警告，說我不尊重慈善家，取消了我提問的資格。然而，我心裡很高興，因為我聽到了我想要的答案。

回國後，我接到了一家鼎鼎有名的公司的面試通知。面試時，我見到了傳說中的大老闆。這位大老闆不得了，在商界聲名遠播。見到他，對於我來說就如同見到了明星一樣。但他一點也不擺大老闆的架子，很友善的跟我們這幾個參加面試的人握手。然後，他開始一個一個問問題，接著面試官就透過考察我們的應對能力來進行評分。輪到我時，他問我：「如果給妳一個提問的權利，妳最想問我什麼問題？」

我：「我想問您是如何走到今天的？」

他：「平常心、堅持、勇氣、能力。」

我：「其實，我更想問您存錢嗎？您存了多少錢？」

主面試官：「警告！妳問的這個不在合理範圍內。」

我：「但我只想問這個。」

他：「這個問題我不想回答妳，如果沒有別的想問的，那就下一個人提問吧。」

很顯然，面試結果是我沒有通過。也許，他們認為我的問題不懷好意，至少是冒犯了別人，竟然問這樣的私人問題。

我很執著。當我下樓梯時，再一次碰到了他，他衝我笑了一下。我沒有回應他的笑容，冷冷的看著他，只因為他沒有回答我的問題。

他可能也發現了我的小家子氣，他往我身邊湊了湊說：「對於妳剛才那個問題，我想說，我欠了銀行一大筆錢，還未還清，哪有錢可存！妳真可愛，加油啊，年輕人。」

後來，我想了想，我那段時間為什麼這麼愛問有錢人存不存錢這種問題呢？也許，是因為我自己骨子裡就不愛存錢，花錢毫不手軟的，所以特別想從有錢人的答案當中為自己尋找到一點心理安慰，然後告訴自己：有錢人就是不愛存錢，我將來也會是一個有錢人。這樣，我就可以繼續保持我不愛存錢的習慣。

有一次，我在網路上看到一條新聞：一個渾身掛滿黃金的女人參加一檔選秀節目，後來，節目組訪問她，問她為什麼要掛這麼多黃金在身上，是想顯示自己很富有嗎？女人笑著說，她確實很富有，並報出了自己所有的家底，例如有幾處家產、有幾家公司、資產過億等等。在這則新聞下面，引來好多網友留言吐槽。有一條網友的留言讓我印象深刻：「資產過億，我絕對相信，但是我想問問她外債有多少，也很驚人吧？」

我相信，這位網友一定對成為有錢人的規則是比較了解的。我現在才知道，自己當初問了那麼傻的問題。對於一個有錢人來說，總是身負大量的外債，哪還會有什麼存款？即使有存款，在沒有還清外債前，那些資產也不是真正屬於自己的。就好比抵押的房子，雖然戶名是自己的，但在沒還清貸款之前，房子還是屬於銀行的。

有幾次參加同學聚會，大家喝多了以後，就會相互詢問各自的存款。若一個條件很好的同學說他自己沒有存款，根本就沒有人相信。可想而知，在很多人的潛意識裡，有錢人就代表著有存款，存款的多少就代表這個人有錢的程度。但是在現實中，**有錢人拚的是資產，並不是存款，資產多並不意味著存款多**。

我的好友拉拉，是一位很時尚的女生。她經濟很獨立，年紀輕輕就自己買房、買車。閒置時間，她常跟自己的朋友出去聚會。她的朋友會開玩笑稱她「小富婆」。有些關係要好的朋友會問她存了多少錢。她告訴我，當她面對這樣的問題時，很難回答，一方面她不想騙別人，另一方面她又不想讓別人知道，自己其實沒有什麼存款，她在潛意識裡認為如實回答，會辜負了她「小富婆」稱號。

我告訴她：「妳正在向一個越來越有錢的生活靠近。那些張口炫耀自己有多少存款的人，才是真正的有錢人嗎？能把數目不小的錢存起來的人，我想不出他們會有什麼商業頭腦。一個始終想不到合適投資方式的人，根本不會是一個真正的有錢人。妳一點也不丟臉，放心好了！」

去年的某一天，相同的問題擺在了我的眼前，一個朋友問我：「你存了多少錢啊？」

我：「我的債還未還完，何來存錢？」

03 存錢是起點，不能是目的

很多人愛存錢，第一，看中的是安全；第二，看中的是利息。我不愛存錢，第一，利息太低，對我沒有誘惑力；第二，社會總是在發展，銀行裡的錢總是不斷貶值中。我們經常會聽到有人感嘆：「放在十年前，那可是一筆大錢。」是啊，三十年前，一元可以買一箱雞蛋，而今天呢，一元連一顆雞蛋都買不到了。若把三十年前的一元存到今天拿出來使用，你會痛恨自己當初太愚昧，不夠有遠見，還是會痛恨社會發展太快，物價漲得太快呢？

我曾看過這樣一則新聞。一個八十歲的老太太存了一輩子的錢，總共存了三十多萬元。二〇一二年，她在臨終前囑咐親人把這筆錢拿出來，想給自己的孫子在上海買間房子，囑咐完便去了極樂世界。隨後，記者在採訪老太太的親屬時得知，在一九八〇年代，老人家手裡就存了五萬多元。那時的五萬元，在上海買間房子還是可以的。而現在這個錢在上海買個洗手間都不夠了。

◈只會存錢，只能換來貶值的生活

當你在感嘆物價飛漲時，有沒有想過，手裡的錢正在一天天貶值呢？你若是有了「手裡的錢正在一天天貶值」這樣的認知以後，還會去存錢嗎？

有人說：「避免手裡的錢貶值的唯一辦法，就是在當下花掉它。」這句話，是我在上高中時看到的，之所以印象深刻，是因為那時的我花錢如流水，看見了這句話，心裡瞬間得到了些許安慰。這句話有沒有道理？我當時還不具備分辨的能力。現在回過頭去想這句話，覺得這句話說得太對了。但是，我想再補充一下：「**避免手裡的錢貶值的唯一辦法，就是在當下花掉它，把它轉化成手中的商品（黃金條塊也好過現金存款）**。」

小時候，每年春節都要去奶奶家拜年。一九九〇年代，我可以從奶奶那裡得到五十元的壓歲錢。那時，我對金錢雖有些懵懂，但也知道五十元可以買好多東西。例如，可以買好多本小人書（按：連環畫本，普遍都是一張插畫配一段一百字以內的文字為一頁）；可以買七到八個小書包；可以買幾十包巧克力。可是我的壓歲錢，卻被我媽以「小孩子不懂得怎麼花錢」為由給存了起來。上高中時，再去奶奶家拜年，依然可以拿到五十元的壓歲錢。可是那時，五十元只夠買三本正版書，或非名牌的書包一個，或幾包巧克力。

有時我在想，若早些年把錢全部換成商品儲存到現在，是不是可以大賺一筆？現在看來，賺錢根本談不上，只能說保值。因為過去的錢值錢，現在的錢不值錢。但商品的價值一直是跟著市場走，若拿過去的錢來購買現在的商品，那就是在做虧本生意。所以，我們辛苦存了些錢，準備等到十年或者更久以後來花，難道不覺得有點傻嗎？

幾年前，房地產被炒得火熱時，房子的價格被炒成了天價。那時，仍然有大量的人擠破頭買房子。很多人為了買一間房子，花掉畢生的存款，每個月背上很高的房貸，甚至每個月的薪水基本上都還了房貸。我甚至也跟大多數人一樣，認為做一個房奴太可悲。可是，做一個存摺奴更可悲。房奴最起碼還有間嶄新的房子，而房子也是相對於其他商品較能保值的。存摺奴有什麼？

安全感的過度培養，讓人總是愛待在一個自認為安全的領域，而不知道自己到底有著怎樣的潛能。為什麼人們愛存錢？就是為了尋找安全感。存錢相對於其他投資來說，可以減免資金虧損的局面，最大限度的保證本金的存在，另外還有穩定的利息，會讓大部分人理所當然的覺得「何樂而不為」。

現金，放在家裡容易被偷，也容易損壞。人們便想到了銀行，認為存進了銀行，就等於給自己的錢上了保險。很早就聽說外國經常有銀行倒閉，但中國人還沾沾自喜，認為銀行破產不可能發生在中國，因為中國走的是社會主義道路，國有銀行有政府這個強硬的後臺作為支撐。

前一段時間，一個在銀行工作的妹妹告訴我，中國的銀行終於開始自負盈虧了，並且允許各個地方銀行宣布破產。那麼麻煩來了，我們的錢即使存進銀行，也沒有想像中那麼安全了。倘若你積攢了大半輩子的錢並存進一家銀行，剛好那家銀行因管理不善而破產，你會怎麼做呢？

後來，我查看了一下相關政策得知，從二〇一五年五月一日起，中國銀行破產已經正式進入政策允許範圍和試操作的階段。但是仍然有一個基本的保額，即同一位存款人在同一家銀行所有存款帳戶的本金和利息，在五十萬元以內的，由保險公司全額賠償；超過五十萬元額度的，最多賠償五十萬元。這麼說來，對於小額存款的人來說，也不是完全沒有保障。

無論如何，存錢作為一種長期的理財方式，最終算下來往往是虧本的。若你手裡的錢不能透過其他投資方式轉成商品，而獲得持續且較大的收益，就意味著你的個人財產在不知不覺中流失了。銀行會破產，說明有錢人越來越多了。因為錢都被借出去投資，而往銀行裡面存錢的人太少，所以銀行才會破產。

我曾看過一篇文章的抬頭寫道：「堅持三個月不存錢，房價會跌，銀行會破產。」這篇文章寫得非常好。看了之後，我只是更加確定，真正的有錢人根本不會往銀行裡長久存錢。

有一次喝下午茶，跟幾個男性朋友探討人民幣貶值的問題。其中一位朋友開玩笑說：「那好啊，我買一噸大米擱在倉庫，幾十年後再拿出去賣不就發財了。」

另一個朋友說：「你傻啊，到那時你不是在賣大米，而是在賣米蟲。」

我說：「幾十年是不太現實的。每個人在社會上打拚的日子也就那麼二、三十年而已。我們把眼光放在三、五年之後就已經很不錯了。什麼東西都有保存日期，房子也不例外。如果想增值，就要學會維護和創新。比如我N年前買的房子，N年後拿出去賣，我需要做的就是怎麼讓老房子看起來像新房子。但也不要想著花一次錢用一輩子，社會的經濟需要靠頻繁的消費來推動，若我們每個人都靠著『老古董』生活，這個世界還能談什麼發展。」

◈存錢只能是起步，三年檢討一次你的存款

那麼，是不是存錢的人都是窮人，而不存錢的人都可以變成有錢人？那可不一定。存錢，有時對一個有錢人來說，也是不可少的，但是有錢人的存錢可稱之為「智慧的存儲」。

智慧的存儲建立在以下幾個方面：

①啟動資金，作為自己首個專案投資的資金存儲。

②抵押時的首付款的資金存儲。

③每月創造足夠多的收益，在滿足一切購買欲望後所剩下的資金存儲。

無論是哪種存儲，都有一個很重要的前提：一**定要保證是短時間的資金存儲**。這個時間控制在多久算是合理，因人而異。對我來說，只要是不超過三年的存儲時間，我都是可以接受的。錢不能久存，存儲的時間拉得越長，錢貶值的風險就越大。

另外，還有一個很重要的前提，那就是不要重複兩種思想觀念給自己的潛意識：

①存錢才能讓我變富。

②我若不存錢，我就更沒有錢花了。

如果你不能控制自己的這兩種思想觀念，你就無法放開手腳進行投資，就會努力存錢，就很難脫離窮人的隊伍。

國家圖書館出版品預行編目（CIP）資料

錢意識：借錢、花錢、存錢、賺錢，你最愛哪一件？不做哪一件？變有錢的人怎麼處理錢？跟你想的不一樣／沈誘冰著；
--初版-- 臺北市：大是文化, 2018.11
256面；14.8 × 21公分. --（Biz；274）

ISBN 978-957-9164-57-3（平裝）

1.成功法 2.潛意識

177.2　　107012204

Biz 274

錢意識

借錢、花錢、存錢、賺錢，你最愛哪一件？不做哪一件？變有錢的人怎麼處理錢？跟你想的不一樣

作　　者／沈誘冰
責任編輯／蕭麗娟
美術編輯／林彥君
副總編輯／顏惠君
總 編 輯／吳依瑋
發 行 人／徐仲秋
會　　計／許鳳雪
版權經理／郝麗珍
行銷企劃／徐千晴
業務專員／馬絮盈、留婉茹
業務經理／林裕安
總 經 理／陳絜吾

出 版 者／大是文化有限公司
臺北市 100 衡陽路 7 號 8 樓
編輯部電話：（02）23757911
購書相關資訊請洽：（02）23757911 分機 122
24 小時讀者服務傳真：（02）23756999
讀者服務 Email：haom@ms28.hinet.net
郵政劃撥帳號／ 19983366 戶名／大是文化有限公司

法律顧問／永然聯合法律事務所
香港發行／豐達出版發行有限公司 Rich Publishing & Distribution Ltd
地址：香港柴灣永泰道 70 號柴灣工業城第 2 期 1805 室
Unit 1805, Ph.2, Chai Wan Ind City, 70 Wing Tai Rd, Chai Wan, Hong Kong
Tel: 2172 6513　Fax: 2172 4355
E-mail: cary@subseasy.com.hk

封面設計／ Patrice
內頁排版設計／ Judy
印　　刷／鴻霖印刷傳媒股份有限公司
出版日期／ 2018 年 11 月初版
2020 年 4 月初版 2 刷
定　　價／新臺幣 320 元（缺頁或裝訂錯誤的書，請寄回更換）
ISBN 978-957-9164-57-3

　Printed in Taiwan